신구약 원어 텍스트의

본질로 회귀하는 대개혁

긴급진단

신구약 원어 텍스트의

본질로 회귀하는 대개혁

조길봉 지음

이브리어 단어별 합성어 해설 연구원
A research Institute of compound words for each Ebrew word

쉬모트(출) 20:3,7 '너는 나 외에는 또 다른 신(神)들을 네게 두지 말라 7 너는 네 엘로힘 에하흐의 이름을 망령(사브-텅빔, 공허, 헛됨, 허무, 거짓)되게 부르지 말라 에하흐는 그의 이름을 망령(거짓과 헛되게)되게 부르는 자를 죄 없다(나카-무죄로 하지)하지 아니하리라'고 하였다.

'크게 외치라 목소리를 아끼지 말라 네 목소리를 나팔 같이 높여 내 백성에게 그들의 허물(페솨-배반, 배신)을, 야곱의 집에 그들의 죄(하타아)를 알리라'(예샤야(사) 58:1)고 하셨다.

'인자야 내가 너를 이스라엘 족속의 파수꾼으로 세웠으니 너는 내 입의 말을 듣고 나를 대신하여 그들을 깨우치라(자하르-너는 빛을 보내라, 너는 가르치다, 너는 경고하다),(에헤즈케엘(겔) 3:17)고 하셨다.

필자와 뜻을 같이하는 친구 목회자(예장 총회)가 보내온 내용으로 시작합니다.

한국 교단에서 사용하고 있는 '하나님'이라는 호칭의 유래는 다음과 같습니다.

1. ‘하느님’에서 ‘하나님’으로의 변화

원래 한국어에는 기독교의 신을 지칭하는 고유한 단어가 없었습니다.

19세기 말, 성경이 한국어로 번역되는 과정에서 스코틀랜드 선교사 존 로스는 평안도 방언에서 ‘하늘’과 존칭 접미사 ‘-님’이 결합한 ‘하느님’이라는 단어가 기독교의 유일신을 나타내는 데 가장 적합하다고 보았습니다.

최초의 한국어 성경인 《예수성교 누가복음전서》(1882년)에도 ‘하느님’이라는 표기가 사용되었습니다.

하지만 서북 지역(평안도 등)의 개신교 신자들은 ‘하느님’을 ‘하나님’이라고 발음하는 경향이 있었고, 이러한 발음이 점차 표준처럼 굳어졌습니다.

개신교에서는 ‘하나’ 즉 ‘유일하신 분’이라는 신앙 고백적인 의미를 담아 ‘하나님’이라는 호칭을 선호하기도 했습니다.

2. 교단별 사용

오늘날 한국 개신교 대부분의 교단에서는 '하나님'이라는 호칭을 공식적으로 사용하고 있습니다.

반면, 천주교, 정교회, 성공회 등에서는 전통적으로 '하느님'이라는 용어를 사용합니다. 이는 초기 천주교 선교 과정에서 '천주(天主)'라는 용어를 사용했고, 이것이 순우리말 표현인 '하느님'으로 이어져 왔기 때문입니다.

《공동번역 성서》(1977년)와 같이 교파 간의 협력을 통해 번역된 성경에서는 '하느님'으로 통일하여 사용하기도 합니다.

3. 어원 논쟁

'하나님'의 어원에 대해서는 여러 의견이 있습니다.

앞서 언급된 것처럼 '하늘'과 '-님'의 합성어로 보는 견해가 일반적입니다.

일부에서는 고대 한국어의 '하나'(크다, 유일하다는 의미)에 '-님'이 붙었다고 주장하기도 합니다.

민간 신앙에서 숭배하던 존재를 지칭하던 '하느님'이라는 용어가 기독교의 신을 지칭하는 데 차용되었다는 견해도 있습니다.

결론적으로 한국 교단에서 현재 널리 쓰이는 '하나님'이라는 호칭은 초기 성경 번역 과정에서 '하느님'이라는 용어가 사용된 이후, 방언과 신앙적 의미 부여를 거쳐 개신교를 중심으로 정착된 것으로 볼 수 있습니다. 각 교단은 역사적, 신학적 배경에 따라 '하나님' 또는 '하느님'이라는 용어를 사용하고 있습니다.[01]

우리는 142년 동안 이 사실을 전혀 모르고 있었습니다.

"하나님"의 명칭이 신구약 원어 텍스트에는 나오지 않습니다.

현재 한글성경에 "하나님"은 "유일하신 하나님이 아닙니다."

"하나님의 명칭"이 신구약 원어 텍스트에는 나오지 않는다는 것이 팩트입니다. 현재 한글성경에 하나님은 유일하신 하나님이 아니라는 것을 알리려고 본서를 출판합니다. 팩트는 옳고 그름의 문제가 아닙니다. 1+1=2는 토론이나 논쟁, 옳고 그르냐의 문제가 아니라 팩트입니다. 팩트는 믿고 받아들이는 것입니다.

신구약 원어 텍스트에는 하나님(하늘 heaven + 님 prince)이라는 명칭이 단 한 번도 나오지 않는다는 것이 팩트입니다. 처음부터 존 로스와 성경 번역자들이 토속문화를 받아들여 한민족이 수천 년 섬기고 부르던 신칭인 하느님(하늘 heaven + 님 prince), 하늘님 하나님을 성경에 하나이신 하나님으로 명기한 것도 팩트입니다. 이들은 전능하신 아버지, 영이신 아버지의 본질을 파괴해 버린 악한 원흉들이다. 성경 70권(시편을 5권으로)은 팩트입니다. 하나님의 명칭이 신구약 원어 텍스트에는 나오지 않습니다. 이 사실을 알리려고 본서를 출판합니다.

AI가 "데오스(Theos)는 헬라어로 '하나님'을 뜻하는 단어입니다." 라고 하였다. AI까지 속고 있다. 헬라어 데오스 θεός(2316, 데오스 Dheos-전능자, 전능하신 자)는 '전능자'이시다. "하나님"(一神)이란 의미가 전혀 없습니다. 우리는 지금까지 성경 사전과 AI를 믿었습니다. Protestant들은 신구약 원어 텍스트의 본질로 돌아가는 운동입니다. 각 나라의 국어는 그 나라의 민족성과 토착문화가 깊이 자리를 잡고 있습니다. 그래서 신구약 원어 텍스트를 왜곡 번역하게 됩니다. 대한민국은 한문, 영어, 유교, 불교, 샤머니즘의 영향을 받아서 혼합종교화 되어 있어 지극히 기복신앙을 추구합니다. 웨스터민스터 신앙고백서 제 1장 9항. "성경 해석의 규칙은 성경 그 자체 임." 9항 성경 해석을 위한 무오한 법칙은 성경자체이다. 그러므로 어떤 성경구절의 참되고 완전한 의미에 대하여 의문이 생긴 때에는(참되고 완전한 의미는 여럿이 아니고 하나뿐임)보다 분명하게 말하고 있는 다른 구절을 통해서 연구하고 알아내야 한다"고 하였습니다.

자랑스럽게 불렀던 그 이름 하나님은 토속문화 한민족 우상의 신칭이 하늘님, 하느님(하늘 heaven + 님 prince), 하나님입니다. 하나님의 이름은 신구약 원어 텍스트에는 없습니다. 한글성경에만 있습니다. 웬 날벼락입니까? 그러나 사실입니다. 부인할 수 없습니다.

· · 목 차

1.

성경에 하나님의 명칭이 토속문화 한민족 우상의 신칭, 반증

개신교 하나+님의 명칭의 유래는 아래 요약 논문을 참조하라.

하나님은 보통 유신론에서 최고 절대자이며 창조신(God)을 지칭할 때 한국 개신교에서 주로 사용되는 용어입니다. 다른 형태의 동의어에 대해서는 하느님 문서를 참조하십시오. 이슬람교의 하느님에 대해서는 알라 문서를 참고하십시오.

하나님은 아브라함계 종교의 유일신을 나타내는 단어 중 하나로 성공회를 제외한 개신교[02], 예수 그리스도 후기성도 교회 및 이슬람교에서 그들의 신을 일컫는 데 사용하는 용어이다. 하나님의 어원은 19세기 말 평안도 방언 '하ᄂᆞᆯ'과 '님'의 합성어, '하ᄂᆞ님'이다. 한 동안 하느님만이 표준어로 인정받았지만 현재 하나님은 '개신교에서 하느님을 이르는 말'이 표준어로 쓰이고 있다. _출처 위키백과 하나님은 절대적 최고의 신(God), 만물의 창조주 등을 일컫는다. 대한민국에서 하나님이라는 용어를 하느님의 2번째 의미와 같은 용어로 개신교에서 사용하고 있다.[03)]

① 반증(反證)

최고의 창조의 신이 God(최고의 존재, 신, 조물주, 창조주, 창조신, 하느님, 하나님을 서울대 배철원 종교학교수는 "샤먼(shaman, 무당(巫堂))의 신주를 받는 존재" 라고 함)의 의미를 이브리어 엘로힘, 엘, 루바흐 엘로힘, 에하흐 엘로힘, 아도나이, 헬라어 데오스(데오스는 70인역본에서 약 4,000회 나오며, 거의 대부분 엘로힘의 역어이다)에서 찾아 볼 수가 없다. God의미가 전혀 없다. 한민족의 신칭인 우상의 하나님(하늘님, 하느님)은 천지만물의 창조주의 칭호인 엘로힘 אֱלֹהִים이 아니다. 천지만물의 창조주는 엘로힘 אֱלֹהִים이시다(창1:1). 루바흐 엘로힘이시다(창 1:2). 에하흐 엘로힘이시다(창 2:4). 전능자(데오스)와 예슈아이시다(요 1:1-2, 잠 8:22-31). 한민족의 신칭인 하나님(heaven + prince)은 사랑의 하나님, 자비와 긍휼의 하나님, 능력의 하나님 등등도 아니라는 것이 팩트이다. 존로스와 성경 번역자들은 이 바운더리를 파괴(破壞-때려 부수거나 깨뜨려 헐어 버림)하고 우상 하나님을 성경에 명기(明記-분명히 기록함)하여 모든 목회자들과 성도들에게 우상의 이름을 성경의 참 하나님으로 믿고 섬기고 부르게 하였다. 현대판 아하론(아론)과 여로보암(야로브암)

이다. 신생 선교국에 복음을 전한 선교사들이 모두 영어 문화권인 유럽(신부, 목사)과 미국 선교사들이었다. 그러므로 신구약 원어 텍스트(이브리어 엘로힘, 엘, 엘로바흐, 헬라어 데오스)가 아니라 영어를 기본으로 하여 선교국의 토착문화의 무속(巫俗)신(神)의 명칭으로 성경에 표기하였다는 것이 사실이다. 한국은 “하느님”(하늘 heaven + 님 prince), “하나님”(하늘의 신(神)), 중국은 “상제”(上帝-하늘에 계신 임금), “천주”(天主-하늘의 주인), 일본은 “神様” (“かみさま 카미사마”-귀신(鬼神)은 신성한 존재), 영어는(God-최고의 존재, 신(神)), 인도는 빠르메슈와르(Parameshwara. 힌두교의 “최고의 신” 또는 “최고의 주”), 러시아는 바가 Бага(Baga. 신은 위대함과 권위, 신성한 존재, 힌두교 “바가반”에서 유래), 고스포드(Господь (Gospod) 주님, 주), 동방 정교회에서는(하나님 Theosis-신선함), 캄보디아는(프레아 치압부(ព្រះជាម្ចាស់) 신(神), 주, 주님)으로 표기하였다. 각 국가의 토속문화의 가장 큰 신, 대신(大神-원시종교나 신화의 큰 귀신(鬼神), 무서운 귀신(鬼神))으로 번역들을 하였다. 이것이 타락한 인본주의자들의 선교방법이었다는 증거이다. 이것은 영이신 아버지, 전능하신 아버지의 말씀을 불순종한 죄이다. 영어권 선교사들이 신구약 원어 텍스트로 번역하지 않았다. 한국, 영어권, 일본, 중국, 러시아, 인도, 캄보디아에서 토속문화를 받아들여 토속문화의 신들을 창조주 유일신으로 믿게 하였다는 확실한 팩트의 증거들이다. 각국어로 성경을 번역하는 초기(初期)부터 토속문화의 신(神)칭으로 번역한 것이 21세기 오늘날까지 이어져 오고 있다. 이래도 신학적으로, 선교학적으로 문제

가 없다고 하시겠습니까? 더 이상 미신(迷信)의 신(神)칭인 "하나님"(하늘의 신(神))을 믿거나 불러서는 안 된다는 분명한 이유이다. 대한민국의 Protestant들이 일어나서 신구약 원어 텍스트로의 명사 "엘로힘"과 "데오스"로 통일시키는 대 개혁운동을 일으켜야 한다. 우리는 142년 전부터 아버지는 토속문화의 신(神) "하나+님"과 아들 "예슈아 크리스토스"를 믿고 섬겨온 것이 확실한 팩트의 증거이다. 충격적이지 않습니까? 이제는 신구약 원어 텍스트에서 알려주신 명사 엘로힘(만능들이다), 데오스(전능하신 자)의 이름을 믿고, 섬기며 불러야 한다.

우리는 142년 동안 토속문화의 샤머니즘 한민족의 "하나+님"을 아버지라고 믿고 섬기며 불러왔다. 그 "하나+님" 아버지의 아들은 "예슈아 크리스토스"(예수스 크리스토스, 이에수스 크리스토스, 예슈아 마쉬아흐, 예수 그리스도, 설명 생략)라면 믿으시겠습니까? 그런데 이 웃지 못 할 현실이 한국교회에서 지켜오고 있다. 필자가 일본, 중국, 인도, 러시아선교사들에게 알아본 결과 각 국가의 토속문화의 최고의 신(神)의 명칭들을 사용하고 있다는 것을 확인하였다. 신구약 원어 텍스트 명사 엘로힘, 엘, 엘로바흐, 데오스는 거의 사용하지 않는다는 것과 모르고 있다는 것도 확증되었다.

한국의 개신교회에서도 신구약 원어 텍스트 명사 엘로힘, 엘, 엘로바흐, 데오스가 한글성경에서 사라진 것을 전혀 모르고 있었고 관심도 없었다는 것을 알게 된 것도 사실이다. 모 신학대학교 대학원 교수는 필자의 질문에 신학적으로 문제가 없다고 하였다. 이것이 한국 교계와 세계교계의 현실이기에 본서가 한국교계와 세계교계에 미칠 엄청난 파장을 짐작할 만하다. 그러나 아닌 것은 아니다. 사실은 사실이다. 이에서 더하는 것은 사악한 것이라고 예슈아께서 말씀하셨다(마 5:37). 그동안 우리가 믿었던 그 하나님(하늘 heaven + 님 prince)께서 한민족의 신칭인 하나님, 우상하나님 이었다면 믿으시겠습니까? 그러나 사실입니다. 그러므로 한글성경에서 신약은 하나님을 전능자, 또는 데오스로, 구약은 엘로힘으로, 제사(祭祀-신령이나 죽은 사람의 넋에게 음식을 바쳐 정성을 나타냄. 또는 그 의식)는 희생물, 또는 제바흐로, 한자성경에 귀신(鬼神-① 죽은 사람의 넋. ② 미신에서, 사람에게 화복(禍福)을 준다는 신령) 신(神)자는 루바흐, 또는 영으로(영, 숨, 호흡, 바람, 생명), 프뉴마, 또는 영으로(영, 바람, 호흡, 생명)로, 제사장(祭司長)은 코헨(코헨-주요공직자 혹은 우두머리 통치자)으로만 개정해도 전혀 새로운 성경이 될 것이다.

오류가 없는 성경은 신구약 원어 텍스트이다. 그 신구약 원어 원본 텍스트가 없기에 발굴된 사본들을 모아서 검증에 검증을 거쳐 정경으로 채택하였다. 그러나 각 국가에서 검증의 과정을 거친 그 사본들을 중심으로 성경을 번역한다. 어떤 사본을 채택하여 각국어로 성경을 번역하느냐도 중요하다. 더 중요한 것은 각 나라의 토속문화의 영향이 반영되지 않아야 한다. 토속문화의 영향이 반영한 그 성경은 정경의 생명을 잃어버린다. 각 나라마다 토속문화들이 다 있고 섬기던 신(神)들이 다 있다. 토속문화를 성경에 반영한 것은 솨탄의 미혹에 빠진 것이다.

당시 존 로스와 성경 번역자들이 이브리어와 헬라어를 몰랐다 할지라도 그것을 합리화할 수는 없다. 사람이 독약인지 모르고 먹어도 죽는다. 가장 중요한 것은 "한민족이 수천 년 섬기던 미신 하늘+님"을 마치 신구약 원어 텍스트의 진짜"하나님"처럼 성경에 명기한 죄가 크다. 알면서 지키지 않는 자의 죄는 사함을 받지 못한다고 하셨다(눅 12:47, 히 6:4-8, 히 10:26-29, 벧후 2:21-22, 민 15:30).

'26 우리가 진리를 아는 지식을 받은 후 짐짓 죄를 범한즉 다시 속죄하는 제사가 없고 27 오직 무서운 마음으로 심판을 기다리는 것과 대적하는 자를 태울 맹렬한 불만 있으리라 28 모세의 법을 폐한 자도 두세 증인으로 말미암아 불쌍히 여김을 받지 못하고 죽었거든 29 하물며 전능하신 자의 아들을 짓밟고 자기를 거룩하게 한 언약의 피를 부정한 것으로 여기고 은혜의 성령을 욕되게 하는 자가 당연히 받을 형벌은 얼마나 더 무겁겠느냐 너희는 생각하라'(히 10:26-29)고 하셨다. '그런 사람은 예하흐의 말씀을 멸시(바자-경멸하다, 멸시하다, 업신여기다, 모욕하다)하고 그의 명령을 파괴(파라르-깨뜨리다, 쳐부수다, 헛되게 하다, 실패시키다)하였은즉 그의 죄악(아온-불법, 부정, 죄악, 사악, 유죄, 죄의 벌(징계))이 자기에게로 돌아가서 언약에서 잘라내고(카라트-잘라내다, 베어 넘기다, 언약을 자르다)잘라낸다(카라트)'(민 15:31)고 하셨다. 전능하신 아버지의 말씀의 본질과 팩트에서 벗어나면 그것이 곧 죄이다(마 5:37, 수 1:7). 옳다. 아니라하고 좌로나 우로나 치우치지 말고 말씀을 되새김질하며 말씀을 지키라는 것이다. 죄는 솨탄, 마귀의 본질이다. 전능하신 아버지께서 가장 무섭게 심판하시는 것이 우상숭배이다(출 2:1-7). 우상숭배는 전능하신 아버지를 불신한 최악의 죄이다(민 25:7-8,1~18). 그러므로 둘째 사망 불 유황지옥에 들어가는 죄악이다(계 21:8). 그리고 영이신 아버지의 이름을 모욕하고 저주하는 자를 죽이고(육) 죽이신다(영, 영혼)고 하셨다(레 24:14-16,11-16). 무서운 팩트의 말씀들이다.

하나님(하늘 heaven + 님 prince)이라는 명칭은 신구약 원어 텍스트에 단 1회도 나오지 않는다는 것도 팩트이다. 한민족이 수천 년 불러오던 신칭의 하늘님, 하느님, 하나님을 성경에 유일하신 하나님(하늘 heaven + 님 prince)이라고 명기하였다는 것도 팩트이다. 영이신 아버지 루바흐(창1:2)께서 어떤 분이신지를 설명하는 칭호들의 의미를 1883년 10월에 파괴해 버린 원흉들이다. 142년 동안 한국 개신교회는 우상하나님, 귀신하나님, 하늘 heaven + 님 prince을 유일하신 하나님으로 믿고 섬기고 있다.

한 사람 아론(아하론, 출 32:4-5,1-32)과 여로보암(야로브암)이 벧엘(베트엘)과 단에 두 금송아지 우상을 만들어 놓고 이집트에서 구원하여 내신 엘로힘(신들)이라고 한 것과 같다(왕상 12:25-33). 지금 한국교회가 하늘 heaven + 님 prince을 반대, 거부하지 않고 이 일에 동조하고 머뭇거리면서 우상 숭배하는 죄를 짓고 있다.

존 로스가 한국교회에 준 긍정적 영향력이 많다. 그러나 다른 것도 아니고 영이신 아버지, 전능하신 아버지의 이름을 한민족 신칭인 하늘님(heaven + prince=하나님)으로 바꿔 버린 것은 영적인 음행 죄이다(민 25:1~18, 민 31:16, 신 32:17, 수 22:16-19, 시 115:4-8, 렘 10:8-10, 고전 10:20, 계 2:14). 본질을 바꿔버린 죄악이므로 전능하신 아버지의 심판을 피할 수 없다. 21세기인 지금도 한민족의 신칭을 그대로 명기하고 있다는데 경악하지 않을 수 없다. 영이신 아버지, 전능하신 아버지께서 용납하실까? 길이요 진리요 생명이신 예슈아께 용서를 받으려면 회심하고 돌이켜야한다. 성경다운 성경, 영이신 아버지의 말씀으로서의 성경을 개정하는 일이 가장 시급한 일이다.

존 로스가 1883년 10월 당시의 문맹률이 약 90% 였다는 상황("2천만 국민 중 80~90%가 문맹자였던 1920년대, 1928년 3월 16일자 「동아일보」에는 어찌하면 우리는 하루 바삐 이 무식의 지옥에서 벗어날까.")이라고 하자. 그렇다면 상황신학이 된다. 상황신학은 비 복음이다. 다니엘과 하나냐와 미사엘과 아사랴는 포로의 상황이었다. 느부갓네살 왕과 다리오 왕에게 총애를 받았고 관직의 고위층과 총리들 중에 한명이었다. 성공한 엘리트들이었다. 그러나 이들은 에하흐 엘로힘의 말씀에 생명을 걸고 이스라엘 국권회복을 위한기도와 우상숭배를 하지 않았다(단 3:16-18,1-30, 단 6:10-17,1-28). 이브리서 11장을 읽어보라. 전능하신 아버지를 믿는 사람들은 타협하지 않는다. 존 로스는 타협하였다. 토속문화를 받아들였다. 이것이 죄이다. 1883년 당시에 한글이 현대어처럼 매끄럽지 않은 구어체였다 할지라도 합리화 될 문제가 아니다. 당시 신구약 원어 텍스트가 아닌 영어성경God으로 한글성경을 번역하였다고 할지라도 인본주의 합리화이다. God만 있는 것이 아니라 Elohim도 있었다. Elohim은 이브리어 엘로힘 곧 만능들이시다는 의미이다. 토속문화신학과 상황신학은 인본주의 타락의 신학이다. 전능하신 아버지의 말씀을 저버리고 인본주의 상황에 맞추는 것은 하타 죄를 범하는 것이다. 하타 죄는 하부하(하와)와 아담이 저지른 죄이다(창 3:4-6, 롬 5:12,14, 하마르티아 이브리어 역어는 하타이다). 하타 죄는 원죄이다.

하타 죄 간략해설

뱀(솨탄, 마귀, 계12:9)의 거짓말을 받아들여 만능의 힘과 생명의 유월절 어린양을 놓아버린 죄이다.

그 결과는 죽고 또 죽는 저주를 받았다. 해산의 고통과 가시덤불과

엉겅퀴는 죽고 또 죽는 저주와 비교도 안 된다(창 2:17, 창 3:19,24). 전능하신 아버지는 두 가지의 죽음을 모세을 통하여 알려주셨다. 그런데 성경 번역자들이 한 번의 죽음만 기록하였다. 왜 이렇게 중요한 내용들을 빼버리고 번역을 할까 이해가 안 된다.

존 로스와 스코틀랜드 선교국은 이 책임을 통감하고 거룩한 영의 말씀인 성경70권(시편을 5권으로)을 파괴한 것을 회심하고 한국교회에 사과문을 발표해야 한다. 한국 개신교회를 영이신 아버지 론(論)을 망쳐놓은 이 책임을 어떻게든 져야 한다. 존 로스와 성경 번역자들은 가짜 우상하나님(heaven + prince), 비 복음을 전파한 거짓선교사요. 거짓목회자이다. 지금은 AI시대이다. 진리를 사모하는 지식 있는 목회자들과 신학생들과 성도들이 일어나야 한다. 언제까지 가짜 우상의 하나+님을 믿고 부를 것입니까? 다른 것도 아닌 전지전능하신 엘로힘과 데오스를 하나+님(하늘님 heaven + prince)이라고 부르실 것입니까? 현재 한글성경은 영이신 아버지의 말씀이라고 할 수 있을지 의문이다(출20:7). 허망하고 거짓된 '솨브'의 도서이다(출20:7).

용어

일반적으로 세상을 창조한 창조주를 지칭하는 말로서, 유대교에서는 유일신은(여호와는) 성부 하나님만을 가리키는 반면, 현대의 개신교에서 하나님은 성부 하나님, 성자 예수, 성령 보혜사 이 셋을 가리킨다. 그러므로 한국이슬람교의 코란 해설본에서도 알라를 "하나님"으로 호칭하고 있다.[04] 그러나 이슬람에서는 오로지 아랍어로 쓰인 '꾸란'만을 인정하므로, 한국에 이슬람교에서 '하나님'은 영어의 'God'에 해당하는 한국 교계의 호칭이다.[05] 이와 비슷한 양상으로 이집트, 레바논, 이라크, 인도네시아 등에서 쓰이는 "알라"라는 표기는 이슬람 탄생 이전부터 쓰여왔던 용어이자 기독교에서의 신을 지칭하기도 한다.[06]

뜻

하나님이라고 번역되는 히브리어 단어로는 엘로힘(אלהים)이 있다. 이를 한자어 천주(天主)로 번역하고, 다시 근대 한국어 "하나님"으로 번역한 것이다.

② 반증(反證)

"현대의 개신교에서 하나님은 성부 하나님, 성자 예수, 성령 보혜사 이 셋을 가리킨다."고 하였다. 삼위일체는 성경적인가? 아니면 신학설인가? 성경적이라는 것은 영이신 아버지로 부터 시작한다. 신학설은 타락한 인간으로부터 시작한다... 나중에 해설해야할 큰 주제이다. **-생략-**

우리의 신앙과 행위는 오직 성경이다. 전능하신 아버지로부터 시작하는 것이다. 오직 성경이다. 이브리어 עִבְרִית를 영어로 Hebrew이라고 하였지만 아니다. Ebrew라고 해야 한다. 히브리어라고 하려면 아인ע이 아니라 헤이ה와 헤트ח 중에 하나가 들어가야 한다. 영어와 한문이 신구약 원어 텍스트의 원뜻을 파괴한 곳이 너무 많다. 차치(且置) 하더라도 영이신 아버지 루바흐가 어떤 분이신가는 설명해 주는 칭호들의 본질을 파괴하였다는 것이 팩트이다. 이브리어 엘로힘에는 하나님(하늘 heaven + 님 prince)이라는 뜻이 전혀 없다. 루바흐 엘로힘은 '영은 만능들이시다'라는 의미이다. 성경에 명기한 토속문화 한민족의 우상하나님은 여러 번의 변천의 과정을 거쳤다고 한다. 상제(上帝) ⇨ 천주(天主) ⇨ 하느님 ⇨ 하늘님 ⇨ 하얼님 ⇨ 하나님으로 결정되어 사용하고 있다. 신구약 원어 텍스트(엘로힘, 루바흐 엘로힘, 에하흐 엘로힘, 엘, 루바흐 카다쉬 아브, 데오스, 예슈아 크리스토스, 프뉴마, 하기오스 프뉴마 파테르)는 확정(確定)이지 변천(變遷)의 과정을 거치지 않는다. 이 원칙이 깨어지면 신구약 원어 텍스트의 생명을 잃게 된다.

영이신 아버지, 전능하신 아버지의 이름과 칭호들은 성경의 핵심이다. 그러므로 견고하게 흔들림 없이 지켜져야 한다. 에하흐 엘로힘께서 모세에게 주신 상형문자가 근대 이브리어로 변천하였으나 상형문자의 의미는 여전히 동일하다. 한민족의 신칭인이 하나님(heaven + prince)은 기독교의 유일하신 에하흐와 엘로힘, 전능자(데오스)가 아니다. 우리 개신교에서는 유일하신 하나님(하늘 heaven + 님 prince)으로 믿고 불러도 신구약 원어 텍스트에 없다는 것이 팩트이다. 금송아지를 에하흐 엘로힘으로 섬기는 것과 같다. 그러므로 당장 사용을 금지해야 한다.

지금 당장 우리 한국교회 목회자들과 성도들이 해야 할 일은 가지고 있는 성경에 이 작업을 최우선적으로 해야 한다. 구약성경의 하나님을 지우고 모두 '엘로힘'(만능들이시다)으로 표기해야 한다. 신약성경의 하나님은 모두 '전능자'(데오스-전능하신, 전능이시다)로 표기해야 한다. 그리고 전능하신 아버지~~, 영이신 아버지~~라고 연습해야 한다. 여전히 "하나+님"아버지라고 부르는 당신은 미신 "하늘+님"을 영적인 아버지로 믿고 섬기고 있다는 것을 기억하십시오. 소름 돋지 않습니까?

성경에 유일하신 분은 루바흐, 루바흐 엘로힘, 에하흐 엘로힘, 프뉴마, 프뉴마 데오스(영은 전능하시다)라고 하였다. 영원한 이름이요 대대로 기억할 나의 칭호라고 하셨다(신 6:4, 막 12:29, 요 8:41, 요 17:3, 고전 8:4, 딤전 2:5, 약 2:19, 유 1:4, 출 3:15, 사 44:6). 신구약 원어 텍스트에서는 하나님이라는 이름을 찾아 볼 수가 없다. 한글성경에 있는데 한 민족의 '신칭'이라고 하였다.

한글성경, 영어성경, 한문성경, 일어성경, 러시아성경, 인도성경,

캄보디아성경은 신구약 원어 텍스트에서 알려주는 이름으로 번역하지 않았다. 토속문화의 영향이다. 한글성경에 엘로힘과 엘, 데오스를 하나님(하늘 heaven + 님 prince)으로 번역한 자들은 회심하여 용서를 구함으로 루바흐 엘로힘의 진노하심을 풀어드려야 한다. 엘로힘(만능들이시다)과 엘(힘, 강함, 능력이시다), 데오스(전능자, 전능하신)는 한글번역 하나님(하늘 heaven + 님 prince)이 아니다. 엘로힘과 엘, 데오스는 영어 "God", "god"도 아니라는 것도 펙트이다. 엘로힘과 엘, 데오스는 중국의 "上帝" shàngdì. "天主" tiānzhǔ. "天父" tiānfù, "主" zhǔ도 아니라는 것도 팩트이다. 일본의 "카미사마", 인도의 "빠르메슈와르", 러시아의 "바가", 캄보디아의 "프레아 치압부"도 아니라는 것도 팩트이다. 성경을 이렇게 번역한 사람들의 죄를 찾으실 것이다(신 4:2, 잠 30:6, 계 22:18-19).

예슈아께서 '오직 너희 말은 옳다 옳다, 아니라 아니라 하라 이에서 지나는 것은 악으로 부터 나느니라'(마 5:37)고 하셨다. 필자는 이 말씀을 참 좋아한다.

유래

한국에서 이 용어가 처음 사용된 것은 존 로스가 번역한 최초의 한국어 성경 《예수셩교 누가복음젼서》이다. 존 로스 목사는 당시의 선교 보고서에서, "하늘"(heaven)과 "님"(prince)의 합성어인 "하느님"이 가장 적합한 번역어일 것이라고 보고했다. 예수성교 누가복음전서의 1882년판에는 "하느님"이라는 용어를 사용하였으나, 이 성경전서의 1883년본에는 "..... 두사람이 하나님의 압페셔 올은쟈라......"라는 문구가 있다.[07)]

현대 한국어에서 아래아가 제외됨으로써 "하나님"으로 불리게 되었으며 아래아가 현대화 되면서 바뀌는 모음은 'ㅡ'나 'ㅏ'뿐 아니라 'ㅓ' 등 다양하다(→아래아). 현대의 민속 종교에서도 "하나님", "하느님" 혼용으로 읽는다.[08)] 한국의 개신교에서는 "하나", 곧 "유일하신 분"이라는 신앙고백적 의미까지 담아서 "하나님"으로 이해하기도 하지만, 실제로 하나님이라는 말은 "하나"라는 숫자를 나타내는 수 관형사에 "님"을 붙인 것은 아니다.[09)]

번역

초기 개신교에서는 상제, 천주, 하느님, 하나님 등 다양한 용어를 사용했으나 개역성서를 번역하여 펴내는 과정에서 아래아(·)를 홑소리 'ㅏ'로 일괄적으로 변경하면서 '하나님'이란 호칭을 쓰기 시작했다. 이를 1970년대 표준어로 번역한 1977년《공동번역 성서》에서 당시 표준어였던 '하느님'으로 표기하였다. 개신교와 천주교가 함께 번역한 현대어 번역 성서에 신의 호칭으로 '하느님'을 표준으로 삼으려 했다. 그러나 대부분 개신교 교파가 하나님이라는 표기를 고수하였고, 호칭의 문제 등으로 개신교 교단 전반에서 《공동번역 성서》는 교육용 성경으로 활용되고 기존의 '개역성경전서'를 예배용 성경으로 유지하였다. 정중호 계명대 기독교학과 교수는 이에 대해 "하나님"이란 명칭이 유일신의 의미가 강한데다 하나님이라 부르던 기존 습관을 바꾸기 힘들었을 것"이라고 분석했다. 《공동번역 성서》를 예배용 성경으로 수용한 교단인 천주교와 정교회, 성공회에서는 '하느님'으로 표기한다. 상제(上帝)는 '하나님'의 한자식 표기이다.[10)]

③ 반증(反證)

"현대의 민속 종교에서도 "하나님", "하느님" 혼용으로 읽는다."[11)] 고 하였다.

미주8을 보라. "전무용, 〈이 땅에 처음 비추어진 복음의 빛〉, 《성서한국》 2007년 여름호, 통권 제53권 2호, 대한성서공회(웹 버전 Archived 2013년 12월 3일 - 웨이백 머신). 로스 목사는 당시의 선교 보고서에서, "하늘"(heaven)과 "님"(prince)의 합성어인 "하느님"이 가장 적합한 번역어일 것이라고 보고 하였다고 하였다.

"하늘"(heaven)과 "님"(prince)의 합성어인 "하느+님"은 신구약 원어 텍스트에 없다. 토속문화의 한민족이 수천 년 부르던 하늘님(하느님, 하나님)의 신(神)이다. "한국의 개신교에서는 "하나", 곧 "유일하신 분" 이라는 신앙 고백적 의미까지 담아서 "하나님"으로 이해하기도 하지만, 실제로 하나님이라는 말은 "하나"라는 숫자를 나타내는 수 관형사에 "님"을 붙인 것은 아니다." [09]라고 명백하게 증명하고 있다.

이렇게 명백한 팩트를 부인한다면 방법이 없다. 어느 시대나 한 사람의 외침이 나라를 살리기도 하였고 죽이기도 하였다(히 11:32,17-38, 계 12:11, 계 20:4). 필자는 바울(파울로스)처럼, 예레미야(이르메야), 엘리야(엘리야흐)처럼 생명 걸고 팩트의 진리를 전파하여 외칠 것이다. '내가 또 너를 이방의 빛으로 삼아 나의 구원을 베풀어서 땅 끝까지 이르게 하리라'(사 49:6, 행 13:47)고 하였다. '그 눈을 뜨게 하여 어둠에서 빛으로, 사탄의 권세에서 전능자(데오스)께로 돌아오게 하고 죄 사함과 나를 믿어 거룩하게 된 무리 가운데서 기업을 얻게 하리라'(행 26:18)고 하였다. 영이신 아버지께서 43년 전에 필자에게 주신 말씀들이다. 이 말씀이 늘 마음에 남아 있었다. 이제야 알 것 같다(행 20:24).

천주교는 그렇다 치더라도 성경 번역자들이 한민족 토속문화의 우상 신칭인 하느님을 창조주 하나님(하늘 heaven + 님 prince)으로 믿고 받아들였다는 것은 얼굴을 들 수 없이 부끄러운 일이다. 돌이킬 수 없는 죄악이다. 21세기 AI시대에 한국교회가 현재도 이 우상 신칭인 하나님(하늘 heaven + 님 prince)을 성경에 명기하여 믿고 섬기고 있다는 것은 원어학적으로 부끄러운 일이다. 토속문화의 뿌리가 너무 깊게 박혔다는 것을 반증한다. 루바흐 엘로힘, 에하흐 엘로힘, 예슈아 크리스토스를 창조주로 믿지 않는다는 반증이다.

"정중호 계명대 기독교학과 교수는 이에 대해 하나님이란 명칭이 유일신의 의미가 강한데다 하나님이라 부르던 기존 습관을 바꾸기 힘들었을 것이라고 분석했다."고 하였다.

루바흐 엘로힘께서 "개역성경전서"을 낼 때마다 신구약 원어 텍스트에 따라 엘로힘과 엘, 그리고 전능자(데오스)로 번역하지 않았다. 천주교는 하느님으로 하겠다. 개신교는 하나님(하늘 heaven + 님 prince)으로 하겠다고 하였다. 정중호 계명대 기독교학과 교수가 평가한 것처럼 유일신 의미가 강한 "기존습관을 바꾸기 힘들었을 것"이라고 하였다. '기존습관'이란 비 복음(우상하나님)을 받아들여 142년간 한국교회에 고정(固定)되어버린 선지식과 고정관념이다. 조선(한국)에 선교 초기부터 "하느님", "하나님"은 기독교와 전통적인 신앙이 혼합된 형태로 시작되었다. 한국의 전통적인 신앙에서는 "하느님", "하나님"이라는 개념이 조상신(조상의 영혼를 기리는 제사)과 자연신, 불교, 무속신앙 산, 강, 나무, 바위 등 자연물 등과 연결되어 있다. 선교 초기부터 종교 간의 융합(融合)으로 시작되었다. 본서는 이 뿌리의 근원을 바꾸자는 것이다. 오직 신구약 원어 텍스트의 본질로 돌아가자는 것이다. 신구약 원어 텍스트의 명사 구약은 엘로힘(만능들이시다)으로, 신약은 데오스(전능하신 자)의 이름으로 전 세계의 성경에 통일시키자는 것이다. 이 대개혁(大改革)이 이루어진다면 세계 어느 국가의 성도들을 만나도 통일된 예슈아 크리스토스, 엘로힘, 데오스을 믿고 섬기며 부르게 될 것이다. 각 국가의 전통신앙의 신(神)칭들이 성경에서 사라질 것이다.

기독교 보수교단에서는 조상제사를 미화한 추도(追悼-죽은 사람을 생각하며 슬퍼함, 고인을 추념함), 추모(追慕-죽은 사람을 그리워하며 생각함)예배를 드리지 않는다. 이유는 예배라는 형태를 갖추었다 할지라도 추도, 추모의 한자의 의미에서 명확하게 드러난다. 예배의 대상은 오직 영이신 아버지, 전능하신 아버지께만 드리는 것이다(요4:24) 추도, 추모식은 고인이 된 조상이나 고인을 대상으로 한다. 추도, 추모에 예배라는 옷을 입혀도 대상은 고인이다. 이러므로 하느님, 하늘님, 하나님의 명칭은 Protestant들에게 절대로 합당하지 않다. 한민족의 전통신앙에서 조상 신을 섬기고 불교신앙과 혼합된 것을 기반(基盤)으로 하고 있기 때문이다.

문제는 142년 여간 동안 기독교에서 믿고 섬기며 불렀던 "하나님"에 대한 명칭을 사용하지 않을 경우 다양한 대 혼란이 일어날 것이다. 그렇다고 이대로 한민족의 전통에서 유래된 미신 "하나님"을 우리 Protestant들이 영의 아버지라고 계속 부를 수도 없다. 영이신 아버지(프뉴마 파테르, 루바흐 아브), 전능하신 아버지(데오스 파테르, 엘로힘 아브)께서 가장 가증스럽고 더럽게 여기시는 것이 곧 미신과 우상숭배이다. 우상숭배의 문제는 타협의 대상이 아니다. 철저하게 반대하고 거부해야 한다. 그렇지 않으면 내가 죽는다(고전 10:1-11). 이 영적 싸움은 죽느냐. 사느냐의 싸움이다. 영이신 아버지를 기쁘시게 하며 영광을 돌릴 것인가. 아니면 저주의 징계를 받을 것인가의 선택의 기로에 서 있다.

루바흐 엘로힘의 생명의 말씀을 따를 것인가. 솨탄 마귀를 따를 것인가. 한국교단은 선택의 결단을 해야 할 때가 왔다. 이 진리의 싸움은 논쟁거리가 아니다. 합리화도 할 수 없다. 우상숭배는 영이신 아버지에 대한 불신앙이요. 배신행위이다. 신구약 원어 텍스트의 위반이다. 이 대개혁에 대하여 방관자들에게 예슈아께서 너! 나를 믿느냐? 너! 목회자 노릇하고 있니? 너! 성도 노릇하고 있니? 너! 나에게 주여 주여 하고 있니? 나는 너를 모른다고 말씀하실 수 있다(마 7:16-23, 눅 18:8,16-17,29-30) "인자가 올 때에 세상에서 믿음을 보겠느냐" (원어 직역 문장정리 : '그 아들이 이 세상위에서 확실하게 저의 믿음을 그가 찾으신다')고 하셨다.

세계역사 속에 일어난 모든 개혁들은 하나같이 대 혼란을 겪었다. 대 혼란 없는 개혁은 존재하지 않는다. "1517년 10월 31일 마르틴 루터는 비텐베르크 성 교회의 문에 95개 반박문을 붙여 종교개혁"을 시작했다. 그로 인하여 기독교의 구원론이 바뀌었다. 마르틴 루터의 개혁으로 교회혼란이 아니라 오히려 경건신앙은 더 뜨거워졌다는 것을 다 아는 사실이다. 대한민국에서 2025년 2월 20일 11시 한강로 179길 장모 박사의 사무실에서 필자가 신구약 원어 텍스트의 본질로 돌아가 원상회복하자는 개혁의 깃발을 들었다. 그 깃발의 주제는 '원어 성경에는 "하나님"이라는 명칭이 없다'였다.

특강을 들은 목회자들은 어안이 벙벙하였다. "몰랐었다", "은혜를 받았다", "충격적이었다"라고 하였다. 축도를 담당한 연세대학교 총동문회 상임이사(이 모 원로목사)는 축도할 때 즉시 전능하신 엘로힘이라는 명사를 사용하였으며 끝에 "하나님"의 명칭이 들어갔는데 축도를 끝나고 돌아와서 습관이 되어서 "하나님"의 명칭이 들어갔다고 하면서 부끄러워하였다. 그리고 합동총회소속이라고 하면서 소속 노회장께 갖다 드리고 싶다고 필자의 저서 '이브리어 단어별 해설로 새롭게 알아가는 신론 죄론'을 한권 더 달라고 하여 드렸다. 이것이 개혁이다. 루바흐 엘로힘께서 개혁포럼 대표를 통하여 필자를 부르셔서 대개혁의 깃발을 들어 올리게 하셨다. 21세기에 세계의 성경들이 신구약 원어 텍스트의 본질인 명사 엘로힘, 데오스로 통일 된 하나의 성경으로 바꾸어 놓을 것이다. 필자는 이 대개혁의 복음이 전하여 진 곳에서 즉시 개혁이 시작된 것을 보았다. 그러므로 확신하는 것이다. 필자와 생각을 같이하는 일본 동경에서 33년 동안 선교하는 노학희선교사가 있다. 노학희선교사는 성도들 전도교육부터 다르다.

일본성경에 기록된 "카미사마"(일본문화에서 유래한 신(神)의 존엄성)를 믿으라고 전도하지 않고, 예슈아 크리스토스를 믿으라고 전도를 한다고 하였다. 카작스딴에서 34년간 선교하고 있는 노대영선교사도 필자와 뜻을 같이하고 있다. 마르틴 루터는 "비텐베르크 성 교회의 문에 95개 반박문"으로 "오직 성경의 권위", "오직 믿음으로 칭의", "오직 은혜"의 개혁을 완성하였다.

필자는 본서 출판을 통하여 대개혁의 시작을 알린다. 15세기에 많고 많은 사람들 중에 "마르틴 루터"가 일어났다. 또 존 칼빈(John Calvin)이 일어났다. 존 칼빈은 "성경 해석을 중심으로 기독교의 신앙체계를 회복"하였다. 그리고 저명한 기독교 인사들이 많은 대한민국에서 조길봉일까? 왜 필자가 "소논문"을 보는 순간 불이 들어와 책을 출판하여 알려야겠다는 마음이 들었을까? 그리고 즉시 집필을 시작하였다. 내 생각과 내 마음이 아니다. 히브리서11장의 믿음의 선진들은 앞과 뒤를 생각하지 않는 어린아이들이었다는 진리가 비로소 알게 되었다. 전지전능하신 아버지께서는 어느 시대나 물불가리지 않고 말씀을 준행하는 순수한 자를 통하여 일하신다. 아브라함이 믿음의 아버지이지만 노아흐(노아)의 역할(役割)을 하지 못한다. 모셰도 아브라함의 역할(役割)을 하지 못한다. 베드로(페트로스)의 역할(役割)을 바울(파울로스)이 하지 못한다. 파울로스의 역할(役割)을 디모데(티모데오스)가 할 수 없다. 그러므로 전지전능하신 아버지께서 그 시대에 필요한 때에 그 일을 할 수 있는 자를 부르셔서 영이신 아버지, 전능하신 아버지께서 친히 땅위에서 뜻을 이루어 가신다(마 6:10).

'한 알의 씨가 죽으면 많은 열매를 맺는다'(요12:24-25)고 하셨다. '죽고자하는 자는 살 것이라'(마10:32-38)고 하셨다. 우리가 계속해서 미신의 "하나님"을 아버지라고 믿고 섬기며 부르는 것은 곧 예슈아와 영이신 아버지(파테르)를 부인하고 거부한다는 것을 분명히 알아야 한다(마10:32-33). 대한민국에서 한 알의 씨가 죽어 세계교회들에서 대개혁의 불길이 타오를 것이다. 이 타오르는 대개혁(大改革)의 불길은 세계를 삼키게 될 것이다. 이 개혁의 불길을 막아서는 자는 불태워 질 것이다. 이 개혁의 불길은 전능하신 아버지께서 기뻐하시고 원하시는 뜻이다. 골고다(Golgoqa' 골고다 두개골, 해골)십자가 위에서 이루신 예슈아 크리스토스의 복음의 불길이 히에루살렘(예루샬렘)을 넘어 온 유대와 사마리아(사마레이아)를 불태웠으며 온 세계에서 그 십자가의 복음의 불길이 타오르고 있는 것과 같다(빌2:6-8, 요19:17-19,30, 마26:39-45, 마27:46, 고전1:18-21, 행1:8, 막16:15). 이 대개혁의 불길은 멈출 수가 없다. 영이신 아버지, 전능하신 아버지께서 친히 하시고 계시는 대개혁이기 때문이다. 각 국가의 전통문화의 샤머니즘 신들의 명칭들이 각 국가의 성경에서 사라지게 될 것이다. 지금 이 개혁의 외침이 한 달여 지났지만 곳곳에서 변화가 일어나고 있다. 문제는 교단의 단체장들의 결단이 필요하다. 1~2년의 명예직 때문에 이 대개혁(大改革)에 동참을 꺼려하여 개혁에 뒷짐을 짓는다면 두고두고 후회할 날이 올 것이다. 이 개혁운동은 신구약 원어 텍스트의 확실한 진리로 "슈브"(שׁוּב-되돌리다, 회복하다)하여 원상회복하자는 운동이다. 개혁은 쉬운 일이 아니다. 그래서 생명까지 내려놓는 희생 없이는 할 수 없다. 이 개혁의 운동은 세계 기독교 역사에 길이 남을 것이다. 필자는 마음이 두근거린다. 인쇄소들이 바빠질 것이 눈에 보인다. 성경과 주석서들과 기독교서적들에서 미신의 "하나님" 명칭이 없는 서적들을 새롭게 출판하는 미래가 보인다. 마르틴 루터의 종교개혁으로 신학이 바뀐 것처럼, 본서를 통한 이 대개혁의 역사는 멈추지 않을 것이다. 이 역사적인 개혁의 깃발을 우리 Protestant들이여! 함께 일어서서 들어 올리자.

Protestant들이여! 일어서자!

Protestant들이여! 일어서자!

Protestant들이여! 일어서자!

일어서서 세계교회를 살리자!

본서를 세계 각국어로 번역할 불붙은 동역 자들이여! 일어서자!

일어나서 세계교회를 살리자!

선교강국 대한민국으로 새롭게 거듭나자!

이 개혁은 세계교회를 신구약 원어 텍스트의 본질로 돌아서게 하는 가장 큰 선교이다.

영이신 아버지의 유일성(唯一性)을 강조하다보니까 신구약 원어 텍스트에 없는 토속문화의 미신의 "하느님, 하나님"를 끌어와 성경에 명기함으로 시작된 치욕의 역사이다. 가장 큰 영적사고(靈的事故)이다. 이보다 더 큰 불행의 사건과 불의가 또 있을까? 이제는 미신의 "하느님, 하나님" 명칭을 성경에서 삭제해야 한다. 존 로스로부터 시작하여 142년 여간 우리는 "미신 하나님"을 아버지라고 믿고 섬기며 불렀다. 기독교의 역사에 씻을 수 없는 치욕(恥辱)과 수치(羞恥)이다. 신구약 원어 텍스트의 명사 엘로힘(만능들이시다)과 데오스(전능하신 자)에서 한민족의 신칭인 "하나님"과의 관련성을 찾으려는 것이 어리석고 불의한 것이다. 그러므로 좌로나 우로 치우치지 말고 신구약 원어 텍스트의 본질의 말씀을 따라 준행하면 된다. 여기에 모든 목회자들과 성도들이 이의(異意)가 없을 것이다. 세계 모든 성경에서 자국(自國)의 토속문화의 신칭(神稱)이 삭제되고 신구약 원어 텍스트 명사 엘로힘(만능들이시다)과 데오스(전능하신 자)로 통일 될 것이다.

기독교의 유일(唯一)함은 죄 사함과 영생구원이다. 한국교회는 이름에 유일성(唯一性)을 두었으므로 이런 가당치 않는 사건이 벌어진 것이라 할 수 있다. "하나(唯一)+님(神)"의 명칭에 유일성을 넣어도 "하나의 신(神)", 唯一한 神이라는 의미 외에 다른 의미가 없다. 자. 비교해보라. 신구약 원어 텍스트 명사 "엘로힘"(만능들이시다), "데오스"(전능자이시다)와 전혀 관계가 없다는 것이 팩트이다. 유일성에 대하여 본서(5. 하나이신 에하흐 엘로힘)에 '이스라엘아 순종하라. 우리 엘로힘 에하흐는 하나이신 에하흐'(신 6:4)의 원문과 해설을 보라. 무엇과 하나인지를 명쾌하게 알게 될 것이다.

기독교의 위대성과 유일성은 오직 신구약 원어 텍스트이다.

오직 엘로힘과 데오스이시다.

오직 루바흐 엘로힘이시다.

오직 에하흐 엘로힘이시다.

오직 예슈아 크리스토스이시다

오직 거룩한 영(루바흐 카다쉬, 하기오스 프뉴마)이시다.

거룩한 영의 감동으로 기록된 생명진리의 말씀을 버리고 성경 번역자들 몇 명이 전능자의 이름을 한민족이 수천 년간 부르던 우상하나님을 성경에 심어놓았다. 태어나면서 부르던 하나님이 우리의 영과 마음과 입술에서 떨쳐버리려면 아마도 "세살버릇 여든까지 간다"

고 한 것처럼 힘들 것이다. 필자도 "하나님"의 명칭이 대화중에서, 설교와 기도 중에도 툭툭 튀어나온다.

대한성서공회가 존 로스의 악행을 몰랐다할 지라도 개정판마다 존 로스가 명기한 한민족 신칭인 하나님(하늘 heaven + 님 prince)으로 계속 명기하고 있다. 성경에 명기되어 있는 하나님은 하나이신 하나님이 절대 아니다(신6:4, 요8;41, 고전 8:4, 약2:19, 유1:4, 출3:15). 대한성서공회는 신구약 원어 텍스트에 맞게 사실대로 개정성경을 발행해야 한다. 우상 신칭의 하나님을 믿고 섬기라고 성경에 명기한 죄를 루바흐 엘로힘께서 반드시 물으실 날이 올 것이다. 그러기 전에 대한성서공회와 한국 교단 대표들은 기존의 성경을 폐기한다는 성명서를 내고 회심의 대 각성운동과 함께 일천만 성도들에게 사과문을 내고 알려야 한다. 그리고 신구약 원어 텍스트의 성경개정 운동을 일으켜야 한다. 이것은 필자의 생각이 아니다. 전능하신 아버지, 영이신 아버지께서 기뻐하시는 뜻이다. 전능하신 아버지께 이보다 더 큰 영광을 올려드리는 것은 없을 것이다. 이보다 더 큰 선한 행실도 없을 것이다(마 5:16, 롬 14:6-8).

기타

아래아 문서를 참고하십시오.

2014년 기준으로 '하나님'은 표준어로 인정하지만, 이에 대해 찬반 논쟁이 있다. 표준어로 '부적합하다는 시각'에서 국어학 개설 등에 따르면 하나님은 '하ᄂᆞ님'을 잘못 읽은 것으로써 대부분 "의 음가를 'ㅏ' 로만 알고 있으나 비어두음절일 경우는 'ㅡ'로 발음하는 것이라고 한다.[12] 그러므로 '하ᄂᆞ님'은 하느님으로 읽는 것이 맞다는 평가가 있다.

표준어로 '합당하는 시각'에서 이런 단계는 16세기에 제1단계 소실로 'ㅡ'로 바뀐 것이며, 18세기 중엽에 와서는 'ㅡ'가 아닌 'ㅏ'로의 대치가 일어나면서 기존의 변화된 양상은 자취를 감추게 되었으며[13] 이에 따라 "하나님"이라는 용어 사용에 문제가 없다는 의견도 있다.

하나님이라는 용어를 도용하였다는 주장이 일자 이에 관한 특이한 재판 사건이 1992년에 있었는데, 그해 11월 11일 강원도의 정근철(* 붙임, 정근철은 불교 미륵종의 한 분파인 "한세계인류성도종"이란 종파의 대표)이 기독교측을 피고로 '하나님 이름 도용에 관한 손해배상 청구 소송' 고소장을 제출하였다. "한민족 하나님 도용죄"라는 죄목으로 하여금 개신교에서 허락 없이 무단으로 써왔으므로 보상금으로 1억을 내라고 재판을 신청하기도 하였다.[14]

④ 반증(反證)

"하나님이라는 용어"를 도용하였다는 주장이 일자 이에 관한 특이한 재판 사건이 1992년에 있었는데, 그해 11월 11일 강원도의 정근철(*붙임, 정근철은 불교 미륵종의 한 분파인 "한세계인류성도종"이란 종파의 대표)이 기독교측을 피고로 '하나님 이름 도용에 관한 손해배상 청구소송'을 통하여 하나님이라는 명칭 한민족이 수천 년간 믿고 섬겼던 하늘의 우상신, 우상 하늘님, 우상하느님, 우상하나님이라는 사실이 명백하게 증명되었다. 이런 팩트를 무시한다면 에하흐께 버림을 당한다(삼상 2:30, 대하 15:2, 사 29:13, 말 2:8-9). '만일 에하흐를 버리면 에하흐도 너희를 버리신다고 하셨다'.

이렇게 명백하게 증명되었는데도 불구하고 "하나+님"의 명칭을 계속 성경에 표기한다면 대한성서공회는 영이신 아버지를 경멸하고 하찮게 여기는 '솨브'(출20:7)의 죄를 짓고 있는 것이다. 우상하나님의 이름을 더이상 성경에 명기하지 않기를 바란다. 사람의 행동을 감찰하시고 계시는 불꽃같은 눈을 의식하라고 권한다(대상 28:9, 시 7:9, 잠 16:2,25, 잠 21:2, 사 3:11, 렘 17:10, 계 2:18-23). 성경번역에 참여하고 있는 자들은 대 각성을 하고 기존의 성경을 폐기하고 하나님(하늘 heaven + 님 prince), 제사(祭祀-신령이나 죽은 사람의 넋에게 음식을 바쳐 정성을 나타냄, 그 의식), 제(祭), 귀신(鬼神-①죽은 사람의 넋, ② 미신에서, 사람에게 화복(禍福)

을 준다는 신령) 신(神)의 명칭이 없는 팩트의 한글성경을 발행해야 한다. 한문의 사전적 의미를 알고도 계속 성경에 명기 한다면 성경의 권위와 영이신 아버지, 전능하신 아버지의 존엄한 이름과 예슈아의 희생을 무너뜨리고 더럽히는 것이다. 두렵고 무서운 죄이다. 신구약 원어 텍스트의 팩트의 개정성경을 발행하지 않으면 그 책임을 반드시 물으실 것이다. 언제까지 한민족이 수천 년간 섬기고 부르던 우상 하나님을 계속 성경에 명기할 것인가? 루바흐 엘로힘의 심판이 두렵고 떨린다.

토속문화를 받아들인 신학자들은 거짓신학자들이다. 오늘날 좌파신학자들이라고 일컫는다. 좌파신학자들에게 학문을 배운 자들은 거의가 좌파목회자가 된다. 어떻게 똑같은 성경을 가지고 좌우가 있을까? 필자도 수수께끼이다. 신학자들 중에 좌파가 있다는 것은 신학이 많이 부패하였다는 증거이다. 영이신 아버지의 말씀인 신구약 원어 텍스트을 믿지 않는다는 증거이다(요 12:48-50, 요 14:15). 신구약 원어 텍스트를 생명처럼 여기는 자들은 지극히 소수에 불과하다. 필자도 그중에 한 사람이다. 어느 시대나 불지옥의 멸망하는 길, 넓은 길로 가는 자는 많고 좁은 길로 가는 자는 적다고 하셨다(마 7:13-14,23, 마 13:42,50, 살후 1:8-9, 벧후 2:4, 요일 3:10, 계 12:9, 계 20:10). 선구자의 길은 더 힘들고 어려운 길이다(롬 14:7-8, 요일 3:16). 그러나 영혼을 살리고 사실을 알리는 명백한 길이다. 진리를 사모하는 목회자들과 성도들이 계몽(啓蒙)되어 일어나야 한다. 오직 신구약 원어 텍스트만 영이 신 아버지의 말씀이다. 신앙과 행위에 대하여 정확 무오한 유일의 법칙이다. 여기서 벗어나면 왼편에 있는 자이다(마 25:33,41,46, 계 14:8-11).

한글성경 이대로 사용해야 옳은가? 아니면 70권(시편을 5권으로)신구약 원어 텍스트로 재조명하여 개정성경을 출판해야 하는가에 대한 정답은 70권의 신구약 원어 텍스트로 개정출판을 해야 한다. 영어(God), 일어(かみさま 카미사마), 중국어("상제"(上帝), "천주"(天主)), 인도어(빠르메슈와르(Parameshwara), 러시아어(바가 Бага(Baga)) 동방 정교회에서는(하나님 Theosis-신선함), 캄보디나어(프레아 치압부(ព្រះជាម្ចាស់),한글(하나님)은 모두가 토속문화의 '신칭'들이다. 신구약 원어 텍스트과 전혀 관계가 없는 명칭들이다. 우리의 신앙과 행위는 신학적으로의 접근이 아니다. 오직 70권의 신구약 원어 텍스트이라는 것을 누구나 동의 할 것이다. 본서는 영이신 아버지, 전능하신 아버지가 어떤 분이심을 알려주고 나타내는 이름과 칭호들에 대한 팩트를 알리는데 목적이 있다. 이 사실을 받아들여야 한다. 양보할 수 없는 개혁의 깃발을 모두가 들어야 한다. 지각(知覺)이 있다면 생각해보라. 하늘에 계신 미신(迷信- 종교적. 과학적으로 망령되다고 생각되는 믿음, 점, 굿, 따위)의 하나님을 믿으시겠습니까? 인본주의 자유주의 신학자, 토속문화의 신학자, 상황신학의 신학자의 가르침을 따를 것입니까? 아니면 오직 신

구약 원어 텍스트에서 알려주시는 전능하신 아버지, 만능들이신 아버지 엘로힘, 힘들과 강하신 아버지를 믿으시겠습니까? 한민족이 수천 년 부르던 미신 "하나님"을 믿으시겠습니까?

이브리어의 엘로힘, 엘, 엘로바흐와 헬라어 데오스와 '하나님'은 그 어떤 관련성(關聯性)을 찾을 수 없다는 것도 팩트이다. 이브리어 엘로힘, 엘, 엘로바흐와 헬라어 데오스에 는 '하늘'과 '하나'라는 의미를 원어학적으로도 찾아 볼 수가 없다. 그리고 이브리어 엘로힘, 엘, 엘로바흐와 헬라어 데오스의 칭호들만 모두 하나님이라고 번역한 것이 이상하다는 생각이 들지 않으십니까? 하나님이라는 명칭으로 인하여 이브리어 엘로힘, 엘, 엘로바흐와 헬라어 데오스의 칭호가 신구약 성경에 한 번도 나오지 않는다.

필자의 믿음의 뿌리는 주기철, 한상동, 이기선, 김현봉, 박윤선, 이병규, 이상근, 고석남목사 등으로부터 전수받았다. 오직성경, 오직예수스 크리스토스, 오직믿음, 오직은혜, 오직신앙양심, 오직 전능자의 영광을 위하여 사는 것이 필자의 신앙모토이다. 결코 신구약 원어 텍스트을 대신하거나 결코 신구약 원어 텍스트 위에 존재할 수 있는 그 무엇도 없다. 진리의 최종적인 권위는 오직 영이신 아버지, 전능하신 아버지의 말씀인 신구약 원어 텍스트, 오직 신구약 원어 텍스트에만 있다(행4:19-20, 행5:29, 고전10:31, 고후5:9-11, 갈1:10, 살전 2:4). 21세기 지금 까지 변함없이 미신 "하나님"의 명칭이 한글성경에 계속 명기되는 가장 큰 이유는 신학적으로 문제가 없다고 생각하는 거짓 신학자들 때문이다. 이 미신 “하나님”의 명칭으로 인하여 구약성경에서 엘로힘(만능들이시다, 2.600회), 엘(힘 과 강하심이다, 240회), 엘로바흐(능력이시다, 60회)와 신약성경에서 데오스(전능하신, 전능자, 1319회)가 모두 사라졌다. 신구약 원어 텍스트을 확인해야만 알 수 있다. 이래도 계속 미신 “하나님” 믿으시겠습니까? 신구약 원어 텍스트을 바로 알고 있습니까? 신구약 원어 텍스트을 바로 믿고 있습니까? 신구약 원어 텍스트의 말씀대로 바로 살고 있습니까?

2.

한민족 하나님 도용 죄 재판결과, 한얼말씀(주보), 반증

천주교의 김수환 추기경, 기독교의 대표들이 증인으로 불리워지며 재판이 진행되었지만 원고 측(정근철씨 측)은 패소했다고 한다.

패소의 이유는 "하나님"이 기독교의 것이어서가 아니라, 하나님은 누구나 쓸 수 있는 고유명사이기 때문에 기독교에서도 쓸 수 있고, 그래서 보상금 1억원을 줄 필요가 없다는 것이었다.

그러나 중요한 것은 이 재판을 통해 하나님이 기독교의 고유 이름이 아니라 아주 오랜 옛날부터 한민족이 써왔으며, 기독교 도입과정에서 1906 년부터 하나님(하느님)으로 번역되어 불리기 시작했다는 것이 증명된 셈이다. 기독교측 주장대로라도 지금부터 150년전부터 써온 것이 증명된 것이다.[15]

한얼말씀(주보) 중에서

"하나님은 우리민족의 유일신이다."

"하나님이란 말은 기독교의 전유물처럼 우리는 알고 있다 .

그러나 하나님이란 말은 본디 우리가 사용하는 말로서 기독교가 이 땅에 들어오면서 기독교를 전파하기 위하여 우리가 사용하는 하나님이란 용어를 야훼대신 사용하면서부터 기독교는 급속도로 전파되고 지금에 이르렀다.

하나님이란 말은 우리 민족의 3대 경전인 천부경, 삼일신고, 참전계경을 통하여 많이 사용하고 있는 일신(一神)이란 말에서 비롯되었다.

一神의 一은 하나라는 의미이다 . 神은 님이라고 해석한다 . 그러면 일신이 바로 하나님이라는 것을 알 수가 있다 . 삼일신고 제 2장이 바로 一神을 기록 한 것이기 때문이다 .

삼일신고 제 2장의 하나님은 一神 , 즉 한민족의 하나님을 이야기하는 것으로 한민족의一神은 동서고금의 모든 유일신과 절대적인 신의 사상을 설명한 것이다 . 또한 미래 인류가 추구할 가장 높은 인본주의 개념을 제시한다.

우리말로 하나님은 하느님 , 한얼님 , 한울님 , 하누님 등으로 불린다. 부르는 말은 다르다하여도 그 뜻은 삼일신고의 一神을 이야기 한다 .

하나님이란 말을 가장 처음 한글로 표기한 사람은 조선시대 선조 때 시인 노계蘆溪 (1561-1642)의 가사 중에 "하나님"이란 단어를 사용한 기록이 나온다."

"時時로 머리드러 北辰을 바라보고

ᄂᆞᆷ 모르 ᄂᆞᆫ 눈물을 天一方의 디이나다

一生에 품은 (ᄯᅳ)뜻을 비옵니다 하나님아"

"그러나 언드우드 (L.H Underwood)는 선교보고서에 고구려 왕국에서는 하나님이라 불리는 유일한 신만을 섬겼다." 는 기록이 있듯이 우리 민족은 고구려뿐만 아니라 한인천제의 한국시대와 한웅천왕의 배달나라, 그리고 단군 시대에서 조선시대에 이르기 까지 하나님이란 용어를 사용하였다는 것이 경전에 의하여 확인되고 있다. [16]

이런 논문과 자료들은 차고 넘친다.

* 나무위키 하느님과 하나님을 보라

① 반증(反證)

“한민족 하나님 도용 죄 재판을 통해 하나님이 기독교의 고유 이름이 아니라 아주 오랜 옛날부터 한민족이 써왔다”는 사실이 명백해졌다. 한얼말씀(주보) 중에서 “하나님은 우리민족의 유일신이다.” “하나님이란 말은 기독교의 전유물처럼 우리는 알고” 있으나 아니라는 사실도 명백해졌다.

“하나님이란 말을 가장 처음 한글로 표기한 사람은 조선시대 선조 때 시인 노계蘆溪(1561-1642)의 노계가사 중에 “하나님”이란 단어를 사용한 기록이 나온다.”는 사실도 명백해졌다.

언드우드(L.H Underwood)는 선교보고서에 “고구려 왕국에서는 하나님이라 불리는 유일한 신만이 섬겼다.” 는 기록이 있듯이 우리 민족은 고구려뿐만 아니라 한인천제의 한국시대와 한웅천왕의 배달나라, 그리고 단군시대의 조선시대에 이르기 까지 하나님이란 용어를 사용하였다는 것이 경전에 의하여 확인되고 있다는 사실이 명백해졌다.

“1882년 3월과 5월에 만주 심양 문광서원에서 로스(John Ross 羅約翰, 1842-1915) 목사는 첫 한글 복음서『예수 셩교 누가복음젼셔』와『예수 셩교 요안내복음젼셔』를 발행했다. **-생략-**

한국인 번역자들은 한문 문리본에서 초역했으나, 로스는 흠정역(KJV)과 문리본의 저본인 그리스어 수용 본문을 거부하고 1881년에 발간된 비평 본문과 영어 개역본(RV)을 저본으로 삼았다."[17], "1870년대 후반부터 시작된 로스를 통한 스코틀랜드 장로교회의 영향이 단절되고 미국 교회의 영향력이 지배하기 시작하는 계기가 되었다."

-생략-

"로스역본 논쟁 과정에서 장로교의 언더우드는 처음부터 새 번역 출판을 주장한데 반 하여, 감리교의 아펜젤러는 개정본 출판을 옹호하였고, 영국성서공회의 북중국 총무 브라이언트 역시 개정본 출판을 적극 지지하였다. 신약성서의 완역 개정본이 포기된 주된 이유는 주로 북부 지방과 서울 지방 정도까지만 소통될 수 있었던 로스역본의 지방어적 특성과 한문투의 표현들이었다. 로스는 초판 이후에 서울말을 채택하여 번역하려는 노력을 상당부분 보여주었지만, 한국 선교사들은 그것을 인정하지 않았다. 만주에 주재하는 로스의 한글성서 번역에 대한 열정과 초대 한국 선교사 언더우드의 새 번역에 대한 강한 열정의 충돌, 그리고 여기에 가세한 브라이언트의 영국성서공회 입장에서의 경영 측면의 전략 문제가 이 논쟁에서 또한 중요한 영향력 있는 요인으로 파악된다."[18]

"로스는 흠정역(KJV)과 문리본(1852년에 출간된 한문 성서)의 저본인 그리스어(헬라어) 수용 본문을 거부하였다"고 하였다. 학자들마다 주장을 달리하기도 한다. "로스와 매킨타이어는 1881년에 출간된 영어 개역본(Revised Version, RV) 신약성경과 웨스트코트-호르트(Westcott-Hort) 그리스어 본문을 사용하였다."고 하였다. 로스에 대한 논문이 많다. 로스가 헬라어를 거부한 이유는 간단하다. 데오스(전능자, 전능하신, 1319회)와 토속문화 한민족의 신칭인 하느님(하늘 heaven + 님 prince)과의 충돌 때문이라는 것이 명백해졌다. "로스는 이 초고를 들고 스코틀랜드성서공회에 찾아가 한글복음서 출판 비를 지원 받았다. 로스 본을 번역할 때 한국인 번역조사(helper)들은 한문 문리본(Delegates Version, 1852)을 저본으로 사용하였다." 거룩한 영으로 감동된 생명의 말씀을 신생 선교국에 알리는데 있어서 가장 중요한 것은 성경이다. 그런데 당시 선교사들에 의해서 좌지우지 되었다. 신구약 원어 텍스트으로 번역이 아니었다. 영문성경과 한문성경으로 한글성경을 번역하면서부터 신구약 원어 텍스트의 본질이 왜곡되었다. 문제는 토속문화가 성경에 들어왔다는 것이 팩트이다. 토속문화가 한글성경을 번역하면서 들어오므로 신구약 원어 텍스트의 본질이 왜곡되었다. 가장 큰 문제는 영이신 아버지, 전능하신 아버지의 이름, 엘로힘(만능들이시다), 엘(힘과 강함이시다), 데오스(전능하시다, 전능자)를 토속문화 한민족의 신칭인 우상하나님(하늘 heaven + 님 prince)으로 번역하여 142년 동안 우리 한국교회는 우상하나님(하늘 heaven + 님 prince)을 천지만물의 창조주와 아버지로 믿게 하였다는 사실이다. 원통하고 분하지만 이제라도 신구약 원어 텍스트로 올바르게 잡을 수 있는 기회를 주신 전능하신 아버지께 감사와 영광을 올려드린다.

한글성경에 하나님(하늘 heaven + 님 prince)이라는 명칭이 신구약 원어 텍스트에는 나오지 않는다. '우상신 하나님'이라는 사실이 명백하게 증명되었다. 그럼에도 우상하느님, 우상하나님을 유일하신 하나님(하늘 heaven + 님 prince)으로 계속 성경에 명기하고 있다. 이들은 가룟유다(이스카리오테스 이우다스)와 빌라도(필라토스)보다 더 큰 악을 행하고 있다. 가룟유다와 빌라도는 전능하신 아버지께서 예언하신 말씀 성취를 위하여 악인도 악한 날에 적당하게(잠언 16:4)하셨고, 불의한 병기(롬6:13)로 쓰였다. 이들이 예슈아를 십자가에 못박히도록 동기를 부여하였지만 예슈아께서 저주의 십자가에서 대리적 속죄의 희생물이 되도록 기여한 자들이었다는 것도 사실이다.

그러나 존 로스와 성경 번역자들은 처음부터 영이신 아버지, 전능하신 아버지의 본명의 이름인 엘로힘, 엘, 데오스를 하나님으로 성경에 명기하고 있기에 더 악하다고 하는 것이다.

장본인들은 양심이 화인을 맞아서 의식하지 못하고 있을 수 있다. 그렇지 않고는 본인들이 솨탄의 앞잡이 노릇을 하고 있다는 것을 모을 리가 없다. 우리 목회자들과 성도들은 142년 동안 몰라서 불렀던 그 하나님(하늘 heaven + 님 prince)은 "한웅천왕의 배달나라 한민족 토속문화의 신칭인 하나님"이다. "한웅천왕의 배달나라 한민족의 신칭"이 한국개신교의 하나이신 하나님(하늘 heaven + 님 prince)으로 성경에 4천번이상 명기되어 있다. 애국가에 하느님도 "한웅천왕의 배달나라 한민족의 우상 신칭"이다. 한국 개신교회 성도들은 애국가를 부를 때 '엘로힘(만능들이심)이 보우하사 우리나라 만세', '전능자(데오스)가 보우하사 우리나라 만세'라고 불러야 할 것이다. 교단 적으로 일어나지 않는다면 개 교회에서 반대하고 거부하는 21세기 개혁운동을 일으켜야 한다. 절대 묵과(默過)해서는 안 된다. 항거하여 일어나야 한다.

존 로스와 성경 번역자들과 방관자들에 의하여 엘로힘, 엘, 데오스(전능자)를 하나님(하늘 heaven + 님 prince)으로 번역한 것은 최악이다. 이보다 더 악한 죄가 또 있을까? 전지전능하신 창조주 루바흐 엘로힘을 일반적인 귀신(鬼神), 샤머니즘적인 우상(偶像)신(神)으로 귀신들과 동등하게 만드는 망령된 죄를 범하였다. 루바흐 엘로힘께서 에하흐 엘로힘의 이름과 칭호를 모독(冒瀆)과 모욕(侮辱)을 하며 조롱(嘲弄)하고 저주하는 자를 죽이고(육) 죽이신다(영, 영혼)고 하셨다(출 20:7,

레 19:12, 레 24:11-16).

출애굽기 20:7절에 '망령'이라 단어는 솨브שָׁוְא (7723, 솨브 사전적 의미-텅빔, 공허, 헛됨, 허무, 거짓)이다. 헬라어 데오스(전능자), 이브리어 엘로힘과 엘을 하나님(하늘 heaven + 님 prince)이라고 번역한자들의 그 죄의 책임을 반드시 찾으실 것이다(출 20:7, 계 22:18-19). 루바흐 엘로힘께 귀신(鬼神) 신(神)자를 사용하지 말아야 한다. 루바흐 엘로힘, 에하흐 엘로힘의 이름을 '솨브'하는 죄이다. 루바흐 엘로힘은 귀신이 아니다. 전지전능하신 창조주 루바흐 엘로힘이시다. 더 이상 '솨브' 하는 죄를 중단해야 한다.

엘로힘אֱלֹהִים은 고유명사 남성복수로서 '모든 것들의 능력들'이라는 의미이다. 엘אֵל은 명사 남성단수로서 '힘과 강하심'이라는 의미이다. 데오스 θεός는' 전능자'이다. "데오스는 단수형과 복수형으로 사용되며, 명확하게도 사용되고 막연하게도 사용되어 신들, 신, 그 신, 신성(godhead) 사이에 의미상의 구별이 거의 없는 경우가 종종 있다."고 하였다. 헬라(그리스)의 문화가 다신론이었으므로 전능하신 아버지의 이름에도 그리스 사람의 토속문화가 들어왔다는 것을 증명한다.

존 로스와 성경 번역자들이 토속문화를 받아들여 성도들의 마음을 성전삼고 거주하시는 루바흐 엘로힘(영은 만능들이시다)을 하늘 신

하나님(하늘 heaven + 님 prince)으로 만들어 놓았다. 영어성경에 야훼 Yahweh, 여호와 Jehovah는 이브리어 고유명사 에하흐יהוה가 아니다. 고유명사는 국가를 초월하여 동일하다. 영어와 한문이 에하흐 יהוה 엘로힘אֱלֹהִים의 이름을 오역하여 변질시켰다는 증거들이다. 고유명사 조길봉 이름도 국가를 초월하여 변함없이 조길봉이다. 하물며 거룩한 영으로 감동함을 받은 자들이 기록한 전능하신 자의 이름과 칭호들을 토속문화 한민족의 신칭인 하나님(하늘 heaven + 님 prince)으로 명기한 존 로스와 성경 번역자들은 만능들이신 엘로힘과 전능하신 데오스의 이름을 모독하고 경멸하는 죄를 범하였다.

신구약 원어 텍스트의 이름과 칭호들을 사실대로 번역하고 해설하는 것을 루바흐 엘로힘께서 기뻐하신다. 필자는 누가 알아주지 않아도 선구자의 사명감을 가지고 본서를 출판한다. 필자는 루바흐 엘로힘께서 기뻐하시는 원어번역과 상형문자 의미 해설을 사전적 의미에 근거해서 해설한다. 필자는 사람중심의 목회자, 인기 중심의 목회자가 아니다. 오직 루바흐 엘로힘 중심의 목회자, 오직성경 말씀중심의 목회자이다(행 4:19-20, 행 5:29, 롬 8:4-6, 고전 10:31, 고후 5:9-10, 갈 1:10, 살전 2:4). 필자가 가장 무서워하고 두려워하며 사랑하는 분은 오직 루바흐 엘로힘과 예슈아 크리스토스이시다. 목회자가 맹인이 되면 성도들도 맹인이 된다. 벙어리 개가되면 성도들도 짖지 못한다(마 15:14, 벧후 3:16, 사 56:10-12, 렘 6:13-14, 렘 14:14, 렘 23:13, 겔 33:6).

'내 백성이 지식이 없으므로 망하는도다 네가 지식을 버렸으니 나도 너를 버려 내 코헨(제(祭)사장)이 되지 못하게 할 것이요 네가 네 엘로힘(하나님)의 율법을 잊었으니 나도 네 자녀들을 잊어버리리라'(호 4:6)고 하였다(호 9:7, 사 1:10).

'우리가 에하흐(여호와)를 배반하고 속였으며 우리 엘로힘(하나님)을 따르는 데에서 돌이켜 포학과 패역을 말하며 거짓말을 마음에 잉태하여 낳으니 14 정의가 뒤로 물리침이 되고 공의가 멀리 섰으며 성실이 거리에 엎드러지고 정직이 나타나지 못하는도다'(사 59:13-14)라고 하였다.

루바흐רוּחַ 엘로힘אֱלֹהִים께 야흐יָהּ 하렐루 הַלְלוּ(할렐루야)의 영광을 올려드립니다. 본서는 루바흐 엘로힘의 강력한 감동으로 거짓 없이 사실을 기록하여 한국교회에 알립니다.

3.

당당뉴스 2023년 12월 18일, 반증

"존 로스의 선교 정책은 토착문화를 토대로 토착인에 의한 전도였다. 자립, 자전, 자치의 삼자 정책이며, 네비우스 보다 더 깊고 포괄적인 존 로스의 토착 선교정책이었다. -생략-

무엇보다도 하늘에 계신 최고의 하늘님을, 한국인의 정서에 맞도록 "엘로힘(히, Elohim. 창3:8)", "데오스(헬,Theos. 막10:18)", "God"을 "하느님"으로 1881년부터 최초로 표기하였다. 지식인들의 한문식 "상제"(上帝), "천주"(天主)를 민중이 애용하는 언어로 하느님/하나님으로 표기하였다."[19]

반증(反證)

존 로스의 선교 정책은 토착문화를 토대로 토착인에 의한 전도였다. 자립, 자전, 자치의 삼자 정책이며, 네비우스 보다 더 깊고 포괄적인 존 로스의 토착 선교정책이었다고 하였다. 존 로스가 게으른 민족에게 "자립, 자전, 자치의 삼자 정책"은 참 잘한 선교정책이었다. 그러나 "토착문화를 토대"로 한 정책 중에 가장 큰 잘못이 있다. 한민족의 신칭인 하늘님, 하느님(하늘 heaven + 님 prince)을 하나님으로 성경에 최초로 명기하였다. 존 로스는 돌이킬 수 없는 죄를 범하였다. 다른 것도 아닌 영이신 아버지의 이름을 토속문화의 우상의 이름으로 바꿔 버린 정책이다. 당시 "지식인들의 한문식 "상제"(上帝), "천주"(天主)를 민중이 애용하는 언어로 하느님/하나님으로 표기하였다."고 하였다. 어떻게 이런 악한 일을 하였는지 이해하려고 해도 안 된다. 양보할 것이 따로 있지 어찌하여 전능하신 아버지의 이름을 버리고 우상의 신칭을 창조주 하나님으로 성경에 명기한 죄는 용서받을 수 없는 죄이다. 존 로스가 훗날 회개하지 않았다는 명백한 증거가 한글성경에 하나님으로 명기되고 있기 때문이다.

"God"을 "하느님"(하늘 heaven + 님 prince)으로 1881년부터 최초로 표기하였고 1883년 10월 부터는 하느님(하늘 heaven + 님 prince)을 하나님으로 한글성경에 기록하였다고 하였다. 그러나 "God"(최고 존재, 신)에는 "하느님"(하늘(天) heaven + 님(神) prince)이라는 의미가 전혀 없다. 그리고 "하늘(天) heaven + 님(神) prince"에도 하나님(一神)이라는 의미가 없다는 것을 알면 토속문화 한민족의 신칭이 미신 하나님(一神)이라는 것을 쉽게 알 수 있을 것이다. 보라. "God"을 "하느님"(하늘(天) heaven + 님(神) prince)으로 또 "하느님"((天神)(하늘 heaven + 님 prince))을 "하나님"(一神)으로 성경에 표기했다고 하였다. 필자의 말이 아니다. 이래도 이 미신 "하나님"(一神)을 믿으시겠습니까? 계속 부르실 겁니까? 이해가 안 되십니까? 자. 구약성경에서 엘로힘 (만능들이시다), 엘(힘과 강하심이다), 엘로바흐(능력이시다)와 신약성경에서 데오스(전능자, 전능하신이)를 모두 빼버렸다. 그 빼버린 자리에 신구약 원어 텍스트에 없는 미신 "하나님"을 넣었다. "하나님"의 명칭은 신구약 원어 텍스트에 나오지 않는다. 한글성경에만 있다. 이 사실은 신학적으로도 큰 논쟁거리가 될 것이다. 그러나 대부분의 신학자들이 신학적으로 문제가 없다고 하는데 더 큰 문제라고 생각한다. 팩트는 믿고 받아들이는 것이다. 필자가 어느 목회자 모임에서 신구약 원어 텍스트에서 "하나님"이라는 명칭을 찾아오면 10억을 준다고 하였다. 신구약 원어 텍스트에는 없기 때문이다. **-생략-**

'내 백성이 지식이 없으므로 망하는도다. 네가 지식을 버렸으니 나도 너를 버려 내 코헨이 되지 못하게 할 것이요. 네가 네 엘로힘의 율법을 잊었으니 나도 네 자녀들을 잊어버리리라'(호 4:6)고 하셨다. 요한계시록 22:18-19절에 '내가 이 두루마리의 예언의 말씀을 듣는 모든 사람에게 증언하노니 만일 누구든지 이것들 외에 더하면 데오스가 이 두루마리에 기록된 재앙들을 그에게 더하실 것이요. 19 만일 누구든지 이 두루마리의 예언의 말씀에서 제하여 버리면 데오스가 이 두루마리에 기록된 생명나무와 및 거룩한 성에 참여함을 제하여 버리시리라' 고 하셨다(신 4:2, 신 12:32, 레 26:18, 잠 30:6, 막 7:13, 계 19:20, 계 20:10). 심히 무섭고 두려운 말씀들이다.

그렇다면 이제 우리가

개신교(세계교회)가 사용해야할 이름들을

신구약 원어 텍스트에서 알아보자.

아브라함은 '에하흐' 이름을 불렀다.

4.

한국 개신교회(세계교회)에서 믿고 불러야할 공식적인 이름들

개신교(세계교회)에서 불러야할 이름들의 대한 원어해설은 4.하나이신 에하흐 엘로힘과 5.영이신 루바흐가 어떤 분이신가를 알려주는 10가지 칭호들에서 간략해설을 보라.

신구약 원어 텍스트의 전능하신 아버지, 영이신 아버지의 공식적인 팩트의 이름과 칭호들의 사전적 의미들을 보라.

구약의 영이신 아버지의 공식적인 이름은 루바흐(영이시다, 창1:2, 시51:10)이시다. 루바흐는 항상 독립적이다. 카다쉬 루바흐(거룩한 영이시다, 시51:11, 사63:1-11)이시다. 신약의 영이신 아버지의 공식적인 이름은 프뉴마(영이시다, 마4:1)이시다. 하기오스 프뉴마(거룩한 영이시다, 마1:18,20)이시다. 공식적인 이름 외에 또는 칭호(신학적 용어는 속성)라고 하신 것은 루바흐와 프뉴마께서 어떤 분이신가를 더하여 알려주신 것이다. 이브리어 에하드(하나)와 헬라어 헤이스(하나)라고 하신 것은 이름과 칭호들이 루바흐와 프뉴마와 '하나'라는 의미이다.

처음부터 존 로스가 (하늘 heaven + 님 prince)을 하나님(一神)으로 명기한 것과 전혀 관계도 없고 이런 하나님은 존재하지 않는다는 것이 팩트이다.

전능하신 아버지, 영이신 아버지의 본명과 종합적인 칭호들을 보라.

영이신 아버지의 본명은 이브리어는 루바흐이시다. 헬라어는 프뉴마이시다. 영이신 아버지께서 어떤 분이신가를 알려주는 이름과 칭호들의 종합을 보라. 영이시기에 알 수 없고 볼 수 없는 분이시므로 이름과 칭호들을 통하여 알려주신 것이다.

전능하신 아버지, 영이신 아버지의 본명과 종합적인 칭호들을 보라.

(1) 루바흐 רוּחַ (영이시다, 영이신 아버지이시다. 창1:2, 시51:10, 요3:5-9, 고전12:3, 갈4:4), רוּחַ (7307, 루바흐-영, 숨, 바람, 광활하다, 안도하다, 안식하다, 휴식, 안식, 구조, 구원, 냄새를 맡다, 향내를 맡다, 감지하다. 아버지의 본 이름은 영(이브리어 루바흐, 헬라어 프뉴마)이시다. 나머지의 이름과 칭호들(출3:15)은 영이신 아버지가 어떤 분이신지를 알려주신 것이다.

(2) 카다쉬 קָדַשׁ 루바흐 רוּחַ (거룩한 영이시다, 시51:11, 사63:10-11), 카다쉬 קָדַשׁ (6942, 카다쉬-거룩하다, 거룩하게 하다, 성별하다, 봉헌하다, 성화(성결)하게 하다, 분리됨, 거룩함, 신성함) 루바흐 רוּחַ (7307, 루바흐-영, 숨, 바람, 생명)

(3) 엘로힘 אֱלֹהִים Elohim (만능들이시다, 창1:1, God은 이브리어 원어 텍스트에 없다. Elohim은 있다)

(4) 루바흐 רוּחַ 엘로힘 אֱלֹהִים (영은 만능들이시다, 창1:2, 창41:38, 출31:3)

① 나는 루바흐 רוּחַ(나는 영이다. 명사 여성 단수-1인 공성 단수, 창6:3)

② 루바흐 רוּחַ 하크마흐 חָכְמָה (영은 지혜이시다, 출28:3)

(5) 에하흐 יהוה 엘로힘 אֱלֹהִים (에하흐는 능력과 생명으로 실존하시는 만능들이시다, 창 2:4)

(6) 엘 אֵל El (힘과 강함이시다, 창14:18)

(7) 엘로바흐 אֱלוֹהַ (힘과 권능이시다, 신32:15, 욥3:4, "엘로아흐"(Eloah)는 영어 음이다. 모음어는 '엘로바흐'(Elobh)이다. 영어와 한글소리글이 이브리어 모음어와 다르게 번역 된 것들이 "명사"에 많다. 그리고 엘로바흐는 신명기에 처음 나오고 60회중에 욥기에 40

회 나온다. 아마도 우스 지역에 토속문화 영향으로 보인다. 엘로바흐는 이방 신들(창35:2, 출18:11, 20:3, 수24:20)에게도 쓰였다.

(8) 예슈아 יְשׁוּעָה (에하흐는 구원이시다, 승리, 번영과 복지의 행복을 주신다, 창 49:18)

(9) 아브 אָב (집을 만드시는 만능의 아버지, 신32:6)

(10) 빠알 בַּעַל (영적남편이시다, 사랑과 보호의 남편이시다, 사54:5, 렘3:14, 예슈아는 신랑 성도들은 신부, 마25:1-10, 고후11:2, 엡5:32, 계19:7, 계21:9)

(11) 아도나이 אֲדֹנָי (나의 주, 나의 주님이시다, 창 15:2)

(12) 프뉴마 πνεῦμα (영이시다. 영이신 아버지이시다. 마4:1, 요3:5-9, 고전12:3, 고후1:22, 엡1:, 요1:12-13), πνεῦμα(4151, 프뉴마-영, 바람, 호흡, 생명, 아버지의 본 이름은 영(헬라어 프뉴마, 이브리어 루바흐)이시다. 나머지의 이름과 칭호들(출3:15)은 영이신 아버지가 어떤 분이신지를 알려주신 것이다. 사람 이 영이신 아버지의 자녀로 다시 태어나는 것은 오직 거룩한 영의 사역으로 되어진다. 그러므로 성도들의 아버지는 영(헬라어 프뉴마, 이브리어 루바흐)이시다(고후1:22, 갈4:6, 고전12:3, 요1:12-13)

(13) 하기오스 ἅγιος 프뉴마 πνεῦμα (거룩한 영이시다, 마1:18,20, 눅1:35, 요14:26)

(14) 프뉴마 πνεῦμα 데오스 θεός (영이신 전능자, 영은 전능하시다, 마3:16, 요4:24)

① 프뉴마 πνεῦμα 휘오스 υἱός (아들로부터 오시는 영이시다, 갈4:6)

② 휘오데시아 υἱοθεσία 프뉴마 πνεῦμα (양자를 삼으시는 영이시다, 롬 8:15)

③ 크리스토스 Χριστός 프뉴마πνεῦμα (크리스토스는 영이시다, 엡2:15)

(15) 예수스 Ἰησοῦς (이브리어-예슈아, 헬라어-이에수스, 예수스-이브리어 헬라식 음어, 구원, 구출, 구조, 번영, 복지 등, 마1:21)

(16) 데오스 θεός (전능자, 전능하신, 마1:23)

(17) 파테르 πατήρ(3962, 파테르-아버지 father, 마6:18, 요17:1,5,21)

(18) 데스포테스 δεσπότης (주, 주인, 소유자, 눅2:29, 벧후2:1, 계6:10)

(19) 에피스타테스b ἐπιστάτης (주여, 두목, 장관, 주인, 눅8:24)

(20) 파라클레토스 παράκλητος (돕는 자, 중재자, 변호자, 위안자, 요 14:26)

(21) 예수스 Ἰησοῦς 크리스토스 Χριστός (구원자로 기름 부으심을 받음, 요 17:3)이다.

이 이름과 칭호(26가지)들을 보라. 그 어디에도 하나님(하늘 heaven + 님 prince)이라는 이름과 칭호와 의미가 없다. 명명백백(明明白白)한 팩트이다. * 신구약 원어 텍스트의 공식적인 이름, 칭호들의 대한 구체적인 해설은 '이브리어 단어별 해설로 새롭게 알아가는 신론 죄론,' 조길봉 지음, 2024년 5월 20일 발행을 보라.

영이신 아버지께서 어떤 분이신지를 알려주는 신구약 원어 텍스트중심의 이름과 칭호들 26가지를 자세히 보라. 그 어디에도 "하나님"이라는 명칭이 없다는 것을 알게 되었을 것이다. 필자가 이 사실을 알리지 않았다면 한국교회와 세계교회가 몰랐을 것이다. "그런즉 그들이 믿지 아니하는 이를 어찌 부르리요. 듣지도 못한 이를 어찌 믿으리요. 전파하는 자가 없이 어찌 들으리요. 15 보내심을 받지 아니하였으면 어찌 전파하리요. 기록된바 아름답도다. 좋은 소식을 전하는 자들의 발이여 함과 같으니라"(롬 10:14-15)라고 하였다.

Protestant들이여! 베뢰아(베로이아 Βέροια) 성도들은 바울(파울로스 Παῦλος)이 전한 복음이 성경에 있는가를 확인하였다고 하였다(행 17:11). 왜 성경을 확인하였을까요? 파울로스가 전한 복음이 사실인지를 확인 한 것이다. 그리고 올바르게 전능하신 아버지를 믿고 섬기기 위해서였다. 우리는 베로이아 성도들의 모범적인 믿음을 본받아야 한다. 목회를 하려면 다른 것은 좀 부족하다 할지라도 성경에는 능통해야 한다. 루바흐 엘로힘께서 부르시고 기름부음을 받은 목회자들은 루바흐 엘로힘의 입이 되어야 한다(겔3:17, 겔33:7, 렘1:17, 마28:1-20, 롬10:14-15, 히13:17).

신구약 원어 텍스트에는 "하나님"이라는 명칭이 없다고 하는데 필자에게 "솨탄아 물러가라" "너는 전능하신자의 일을 생각하지 아니하고 도리어 사람의 일을 생각한다"고 하였다. 과연 무엇을 근거로 그렇게 말할까? 신구약 원어 텍스트의 대한 연구도 없이 선지식만 가지고 필자를 공격하였다. 필자는 모든 목회자들과 성도들이 베로이아 성도들처럼 되기를 바란다. 베로이아 성도들이 성경(그라페)을 "상고"하였다는 단어는 아나크리노ἀνακρίνω(350, 아나크리노-조사하다, 검토하다, 심문하다)이다. 베로이아 성도들은 목회자들이 아니다. 그럼에도 파울로스에게 받은 로고스 복음에 대하여 고상한 마음으로 하루 종일 성경에서 성경으로 조사와 검토를 자세히 하였다는 것이다. 근거 없는 공격을 삼가야 한다. 근거 없이 피하는 것도 삼가야 한다.

필자는 웨스터민스터 신앙고백서(1647년)를 믿는다. 필자는 제 1장 8항~10항의 진리에 확고하게 서 있다. 1장 8항의 요약에 "원어를 번역을 하되 사전적 의미를 중심으로 하며 각 국가의 토속적, 문화적 번역과 개인의 견해나 추정과 주장을 철저하게 배격(排擊-남의 의견·사상·행위·풍조 따위를 물리침)해야 한다. 성경은 우리의 신앙과 삶에 유일한 소망이요. 법칙이다."는 진리에 굳게 서 있다. 신구약 원어 텍스트의 근거가 확실하다면 생명을 걸고 도울 수 없다면 백지장이라도 같이 들어주는 마음으로 동역동사(同役同事)해 주었으면 한다(시 133:1-3, 시 122:6-8, 요 17:21, 고전 1:10, 빌 2:2-5, 요일 3:14, 마 5:11).

이 대개혁의 운동은 필자가 하는 것이 아니다. 필자는 심부름꾼이다. 많은 목회자들과 성도들 중에는 이 소논문의 내용을 보았을 것이고 알고 있었을 것이다. 이 소논문을 보았을 때 필자의 마음은 충격과 함께 이 사실을 책으로 만들어 알려야겠다는 불타는 마음이 들어왔다. 2025년 2월8일에 들어온 그 불이 4월 달에도 계속 타오르고 있다. 본서는 전능하신 아버지, 생명과 능력으로 실존하시며 만능들이신 에하흐 엘로힘께서 앞서 가시며 친히 일하고 계신다. 이 대개혁을 막아서지 말아야 한다. 협력하여 동역동사(同役同事)하며 진리 안에서 행하는 자들에게 엘로힘께서 힘들과 능력들을 주셔서 환경들이 잘 되도록 이브리어의 '칠복'과 헬라어의 '구복'을 주실 것을 확실하게 믿는다(출 1:15-21, 행 9:26-27, 빌 1:27, 요삼서 1:2-4).

'보라 형제가 연합하여 동거함이 어찌 그리 선하고 아름다운고 2 머리에 있는 보배로운 기름이 수염 곧 아론의 수염에 흘러서 그의 옷깃까지 내림 같고 3 헐몬의 이슬이 시온의 산들에 내림 같도다 거기서 에하흐께서 복 ברכה (뻬레카흐-성공, 번영, 승리, 생산, 생명, 행복을 위하여 능력을 부여함)을 명령하셨나니 곧 영생이로다'(시 133:1-3)고 하셨다.

다바림세페르(신) 6:4절 원어 직역 문장정리 : 셰마 이스라엘 에하흐 엘로헤누 에하흐 에하드 '이스라엘아 순종하라. 에하흐는 우리 엘로힘(엘로헤누)은 하나이신 에하흐이시다.' 루바흐는 에하흐와 엘로힘과 하나라는 말씀이다. 영이신 아버지를 알려주는 이름과 칭호들 26가지가 하나라는 말씀이다. 해설이 필요하다. -생략-

하늘님은 토속문화의 우상의 이름이라는 것이 팩트이다. 우상의 이름 하나+님, 토속문화 샤머니즘의 하나+님 이름을 더 이상 부르지 말아야 한다.

2025년 2월 20일 포럼에서 목회자 한분이 그럼 이제부터 어떻게 불러야 하느냐는 질문이 있었다. 필자는 본서를 집필하면서부터 필자는 '아버지 루바흐 엘로힘', 전능하신 아버지라고 부르고 있다고 하였다. 많은 설명이 필요하다. 아래 내용을 보라.

지금부터는

아버지~~

영이신 아버지~~

전능하신 아버지~~

아버지 루바흐 엘로힘~~

나의 능력과 생명이신 에하흐여~~

에하흐여~~

엘로힘~~이라고 부르면 된다.

아버지 엘로힘!~ 예슈아!~ 예슈아 크리스토스라고 부르면 된다. 루바흐여!~ 영이신 루바흐여!~~ 거룩한 영이여!~~ 만능들이신 엘로힘이여!~~ 프뉴마 데오스여!~ 영이신 전능자!~~ 주여!~~ 주님(아도나이)!~ 나의 주여! 나의 주님이여라고 부르면 된다. 처음에는 생소할 수 있으나 그래도 계속 사용하면 거룩한(하기오스) 영(프뉴마) 전능하신(데오스)아버지께서 도와주시므로 곧 익숙해 질 것이다.

샤머니즘에서 부르던 하늘님, 하느님, 하나님은 토속문화에서 온 것이므로 친숙하였다. 그러나 이제는 완전히 폐기(廢棄)해야 한다. 이 명칭은 재활용으로도 쓸 수 없다. 더 이상 귀신, 쇠탄, 마귀를 하나님 아버지라고 부를 수 없다.

142년 동안 섬긴 하나님(하늘 heaven + 님 prince)을 버릴 수 없다고 하는 그 사람은 우상숭배자가 된다. 초기 성도들이 예슈아를 믿는다고, 성수주일을 지키려고, 조상제사를 거부한다고, 신사참배를 거부한다는 등등으로 순교한 순교자들이 흘린 피를 잊지 말아야 한다. 생명의 말씀을 따라 사는 것이 쉽지 않다(마 7:13-14,15-23,24-27, 약 2:17,20-22,26, 계 22:11-12).

'21 나더러 주여 주여 하는 자마다 다 천(우라노스-전능자가 거하시는)국(바실레이아-왕국)에 들어갈 것이 아니요 다만 하늘에 계신 내 아버지의 뜻대로 행하는 자라야 들어가리라 22 그 날에 많은 사람이 나더러 이르되 주여 주여 우리가 주의 이름으로 선지자 노릇 하며 주의 이름으로 귀신을 쫓아 내며 주의 이름으로 많은 권능을 행하지 아니하였나이까 하리니 23 그 때에 내가 그들에게 밝히 말하되 내가 너희를 도무지 알지 못하니 불법(아노미아-불법, 악행, 죄)을 행하(에르가조마이-일하다, 창조하다, 생산하다)는 자들아 내게서 떠나가라 하리라'(마 7:21-23)하셨다. 존 로스와 함께한 자들은 불법과 악의 만행을 생산한 자들이다. 좌편에 선자들은 비참한 말로가 기다린다(마 25:33,41, 계 12:7, 계 20:10, 민 16:20-33,35, 시 9:15, 렘 17:5).

"양은 그 오른편에 염소는 왼편에 두리라 34 그 때에 임금이 그 오른편에 있는 자들에게 이르시되 내 아버지께 복 받을 자들이여 나아와 창세로부터 너희를 위하여 예비된 나라를 상속받으라 41 또 왼편에 있는 자들에게 이르시되 저주를 받은 자들아 나를 떠나 마귀와 그 사자들을 위하여 예비된 영원한 불에 들어가라"(25:33-34,41)하셨다. 양과 염소는 본질이 다르다. 양은 양이요. 염소는 염소이다. 염소에게 양의 가죽을 씌워 변장해도 본질은 염소이다.

'21 이 성읍 주민이 저 성읍에 가서 이르기를 우리가 속히 가서 여군들(차바)의 에하흐를 찾고 에하흐께 은혜를 구하자 하면 나도 가겠노라 하겠으며 22 많은 백성과 강대한 나라들이 예루살렘으로 와서 만군의 에하흐를 찾고 에하흐께 은혜를 구하리라'(슥 8:21-22).고 하였다. '오직 너희는 진리와 화평을 사랑할지니라'고 하였다(슥 8:19).

잠시 쉬어가는 코너

스가랴 8:21-22절 중심으로 "찾다" בָּקַשׁ (1245, 빠카소- 찾다, 요구하다, 원하다, 묻다), "은혜를 구하다" חָלָה (2470, 하라흐- 약하다, 병들다, 아프다) 21-22절 두 번 반복하고 있는 단어이다. 에하흐를 찾는 목적은 자기의 약하고 병들어 아픈 것을 치료받기 위함이다. 에하흐께 자기를 아프게 하시는 이유를 묻는다. 그리고 치료받기를 원하는 내용이다.

하라흐 상형문자 의미 간략해설

하라흐는 은혜가 아니다. 생명의 울타리, 보호의 울타리, 에하흐께서 정하여 놓으신 장소를 떠난 자에게 목자이신 에하흐께서 징계로 인하여 호흡하는 생명을 아프시게 하시고 병들게 한 것이다(욥5:18, 사30:26, 계319). 징계는 회심(回心)하라는 기회를 주신 것이다.

빠카소 상형문자 의미 간략해설

마음을 다하여 소망을 가지고 생명의 말씀을 되새김질하면서 생명의 울타리 안으로 회심하고 돌아와서 올바른 길로 행하면 치료 불가능하였던 아픈 병, 약한 부분을 고쳐주신다는 희망의 말씀이다.

에하흐를 떠난 자에게 임하는 징계이므로 에하흐께 돌아가서 자주 가서 에하흐를 구하고 찾으면 에하흐께서 능력과 생명의 손으로 원상회복시켜 주신다는 것이다. 아프게 하는 병을 고쳐달라고 하는 것이 아니다. 에하흐와의 관계회복이 되면 약한 것과 병은 치료가 되어진다. 아픈 병은 비 본질이다. 본질은 에하흐와의 관계회복이 먼저이다. 에하흐만 찾고 찾으라. 에하흐를 찾아 만나라. 만나면 되게 하시는, 하게 하시는 능력이 임하여 아픈 문제가 해결되어진다.

조상대대로 142년간 토속문화 한민족의 신칭인 하나님(하늘 heaven

+ 님 prince)의 이름을 믿고 섬기며 불렀다. 하나님(하늘 heaven + 님 prince)이라는 명칭이 우리들의 영과 마음에 박혀있기 때문에 오랜 세월이 흘러야 할 것이다. 루바흐 엘로힘께서 가장 싫어하시는 것이 우상을 만들거나 섬기는 것이다. 다른 신을 섬기는 자를 죽이라고 하셨다. 저주 받는다고 하셨다(출 20:1-7, 출 32:1-35, 신 17:2-7, 신 27:15,27, 고전 10:6-8), 저주받을 토속문화의 하나님(하늘 heaven + 님 prince)의 이름을 더 이상 불러서는 안 된다(출 32:6-8, 신 9:16-18, 시 106:19-20, 고전 5:11, 고전 8:7, 고전 10:20-22, 요일 5:21).

'7 그들 가운데 어떤 사람들과 같이 너희는 우상 숭배하는 자가 되지 말라 기록된 바 백성이 앉아서 먹고 마시며 일어나서 뛰논다 함과 같으니라 8 그들 중의 어떤 사람들이 음행하다가 하루에 이만 삼천 명이 죽었나니 우리는 그들과 같이 음행하지 말자'(고전 10:7-8)라고 하였다(민 25:1-9, 고전 6:9-10).

지금까지 참아주시고 사랑과 긍휼을 베풀어 주셨다. 본서는 영이신 루바흐, 영이신 프뉴마께서 한국교회와 세계교회를 향하신 마지막 경고의 메시지라고 여겨진다.

이 문제는 영이신 아버지의 이름을 훼손한 정도가 아니다. 엘로힘과 데오스의 이름을 모욕하고 저주하는 선을 넘었다. 창조주 엘로힘과 데오스의 대한 반역(反易)이요(창 1:1, 요1:1-2). 엘로힘 왕국의 역적

(逆賊)이다. 21세기 목회자들과 성도들을 우롱(愚弄)하는 악인들이다. 존귀하신 영이신 아버지의 이름을 귀신 따위의 이름으로 바꿔버린 원흉들이다. 그래서 필자는 통탄을 금할 수가 없다.

이제부터는 자연스럽게 에하흐의 이름을 부르자. 신구약 원어 텍스트에 없는 토속문화의 한민족 신칭인 우상의 하나님(하늘 heaven + 님 prince)을 더 이상 부르지 말자. 마음과 입에서 버리자.

베레쇠트세페르(창) 4:26절을 보라.

직역문장정리 : '셰트(셋)도 그가 그 아들을 낳았다. 그의 실체의 이름을 에노스 사람이라고 불렀다. 그때에 그가 에하흐의 이름을 부르며 피리를 불었다.'고 하였다.

우리 믿음의 아버지(조상은 이브리어 아브(아버지)이다. 이브리어 주제별원어사전에 '조상'을 보라)인 아브라함도 루바흐 엘로힘께 예배를 드리면서 에하흐의 이름을 불렀다(창 12:7-8, 창 13:4, 창 21:33).

성도들이 에하흐라고 부르는 것은 매우 자연스러운 것이다. 그동안 잘 부르지 않았을 뿐이다. 필자는 에하흐 이름을 부르며 기도를 많이 한다. 테힐림(시) 18:1-2절 중심으로 작사, 작곡된 찬양(나의 힘이 되신 에하흐여)이 있다. 에하흐 이름의 뜻을 생각하면서 '나의 힘이 되신 에하흐여 내가 주님을 사랑합니다.' 필자는 이 찬양을 애창곡으로 부른다. 나의 하나+님은 나의 엘로힘으로 부르고 있다. 솨탄의 공격으로 목회의 위기가 찾아왔을 때 이 찬양만 삼일동안 불렀다. 삼일만 목회위기의 문제해결의 응답을 받았다.

한국 개신교회가 지금까지 사용하였던 하나님(하늘 heaven + 님 prince)은 신구약 원어 텍스트에서 알려주신 하나이신 에하흐 엘로힘이 아니다는 것이 팩트이다. 에하흐와 엘로힘에도 '하늘'이라는 의미가 전혀 없다는 것이 팩트이다. 성경에서는 무엇을 '하나'라고 하였는지를 다바림세페르(신) 6:4절 말씀에서 찾아보겠습니다.

5.

하나이신 에하흐 엘로힘

개역개정 : 이스라엘아 들으라 우리 하나님(엘로힘) 여호와(에하흐)는 오직 유일한 여호와(에하흐)이시니(다바림세페르(신) 6:4).

원어 : שְׁמַע יִשְׂרָאֵל יְהוָה אֱלֹהֵינוּ יְהוָה אֶחָד׃

모음어 : 셰마 이스라엘 에하흐 엘로헤누 에하흐 에하드

원어 직역 문장정리 : 이스라엘아 순종하라. 우리 엘로힘 에하흐는 하나이신 에하흐이시다.

■ 상형문자 의미와 사전적 의미들

שָׁמַע (8085 솨마-들으라, 경청하라, 순종하라) שְׁמַע (셰마)칼 명령 남성 단수

יִשְׂרָאֵל (3478 이스라엘-엘께 능력을 받아 강하게 된 자) יִשְׂרָאֵל 고유명사

יהוה (3068 여호와-능력과 생명으로 실존하심) יְהוָה (에하흐)고유명사

אֱלֹהִים (430 엘로힘-만능들이시다) אֱלֹהֵינוּ (엘로헤누)명사 남성 복수-1인 공성 복수

יהוה (3068 여호와-능력과 생명으로 실존하심) יְהוָה (에하흐)고유명사

אֶחָד (259 에하드-하나) אֶחָד׃ 형용사 기수 남성 단수

필자가 왜 여호와를 '에하흐'라고 하는가?

에하흐는 100% 모음어이다. 마소라 학자들이 이브리어 자음에 모음을 붙임은 이브리어를 자음 음어로 읽기 위함이다. 그러나 이브리어 한글사전에 모음어가 아닌 음어들이 "명사"에서 두드러지게 나타난다. 유래도 불분명하다. 사전이 이 정도라면 심각하다. 지금까지 이 사실들에 대하여 관심을 가지지 못하였을 것이다. 이제는 본서를 통하여 사전들도 본질의 진리로 통일 될 것이다.

에하흐 4자음 문자 '요드, 헤, 와우, 헤(YHWH)로 구성되어 있다고 한다. 영어발음이다. 영어가 4자음 문자까지 망쳐놓았다. 이브리어 에하흐 4자음 문자는 요드י 헤이ה, 바브ו, 헤이ה가 정 4자음이다.

에하흐에 대해서는 글로는 표현하기가 복잡하다. 기회가 된다면 이브리어 단어별 합성어 연구원에서 들을 수 있다. 에하흐는 부르라고 주신 이름이다. 킹 제임스 성경 유일주의 단체에서도 에하흐를 아도나이라고 한다. 유대인들도 에하흐라고 부르지 않고 아도나이라고 한다. 그러나 분명하게 알라. 아도나이는 에하흐에 요드, 헤이, 바브, 헤이가 아니다. 에하흐יהוה (3068 에하흐 상형문자 의미-능력과 생명으로 실존하시는 분)와 아도나이אֲדֹנָי (136, 아도나이 사전적 의미- 나의 주, 나의 주님, 나의 주인, 상형문자 의미- 힘과 생명의 문이시다. 생명의 경계선을 정하여 놓으시고 능력의 손으로 하게 하심)는 의미자체가 동일하지 않다. 에하흐를 아도나이라고 한다면 모세를 믿지 않는 것이요. 아브라함의 자손이 아니다(요 5:45-47, 요 8:33,37-39, 창 12:7-8). 유대인들과 킹 제임스 성경 유일주의 단체는 신구약 원어 텍스트의 가르침을 따르지 않고 자기 단체의 모순에 빠져있는 것이다.

현재 이브리어 사전은 100% 모음어가 아니다. 영어와 한글 소리글이 만들어 낸 용어를 사용하고 있는 곳이 많다. 필자는 100% 모음어를 사용한다. 한글표기가 되지 않는 모음어가 있다. 그래도 모음에 가깝게 표기하고 있다. 목회자들과 성도들에게 알 권리를 제공하고 모음어를 올바르게 사용하자는 운동의 일환이다. 예를 보라. 고유명사 이삭은 이츠하크, 야곱은 야아코프, 벧엘은 베트엘, 가나안은 케나아니, 가데스 바네아는 카데쉬바르네아, 창세기는 베레쇠트 세페르, 예수 그리스도는 예수스 크리스토스, 마태는 맛다이오스, 베드로는 페트로스, 요한은 요안네스, 누가는 루카스 등등이다. 처음에 성경번역을 할 때부터 원어의 고유명사를 100% 명기하였다면 이런 혼란이 없었을 것이다. 항상 처음이 가장 중요하다.

성경의 사전적 의미들을 100% 신뢰할 수가 없다는 증거가 있다. 이브리어 엘로힘과 엘, 헬라어 데오스를 하나님(하늘 heaven + 님 prince) God, 신 god, 신들 gods로 사전에 버젓이 올려놓았다, 에하흐를 여호와 Jehovah, 야훼 Yahweh로 사전에 등록해 놓았다. 목회자들과 성도들과 국민들이 성경사전을 믿어왔다. 그런데 처음부터 비원어적으로 성경번역을 하므로 성경사전과 국어사전까지 사실처럼 표기해 놓았다. 이제는 성경사전부터 올바르게 고쳐서 사용해야 한다. 우리는 지금까지 한글성경을 믿어왔다. 성경사전과 국어사전을 믿어왔지만 이제는 올바르게 잡을 때가 되었다. 이것은 루바흐 엘로힘의 이름을 모독(솨브)하는 악한 행위이다. 사전의 의미를 의심하는 자들은 거의 없다. 이제부터는 의심해야 한다.

이들은 솨브 שָׁוְא (7723, 솨브 사전적 의미-텅빔, 공허, 헛됨, 허무, 거짓, 출 20:7)를 하고 있다.

루바흐 엘로힘께 귀신(鬼神) 신(神)자를 사용하지 말아야 한다. 루바흐 엘로힘, 에하흐 엘로힘의 이름을 '솨브'하는 죄이다. 루바흐 엘로힘은 귀신이 아니다. 전지전능하신 창조주 루바흐 엘로힘이시다. 에하흐 엘로힘을 귀신과 등등하게 한문성경이 명기하였다. 창세기 1:2절에 영(루바흐)을 귀신 신(神)이라고 하였다. 루바흐는 영이시다. 필자도 한문이 이브리어처럼 뜻글이기에 애용한다. 그러나 성경진리와 배치되는 것은 단호히 배격한다. 신구약 원어 텍스트에 희생물은 '제바흐'이다. 예슈아의 거룩한 상징적 희생물 זֶבַח (2077, 제바흐-희생, 희생물)이다. 제바흐 희생물을 제사(祭祀-신령이나 죽은 사람의 넋에게 음식을 바쳐 정성을 나타냄)라고 하였다. '제바흐'는 예슈아 희생을 상징한다. 죄 사함을 주는 희생물을 제사(祭祀)라니요. 예슈아의 희생을 모독하는 악한 일이다. 제사(祭祀)도 토속문화신학의 산물이다. 제사(祭祀)의 의미를 보라 끔찍하지 않습니까. 제사(祭祀)와 제(祭)자도 성경에 명기를 금지해야 한다. 이래도 계속 사용하시겠습니까? 그래서 성경을 폐기하고 다시 출판해야 한다.

한 번 파괴된 진리의 말씀들을 142년 만에 신구약 원어 텍스트의 본질로 바꿔 세운다는 것이 쉽지 않을 것이다. 사실을 사실대로 바로세우는 일인데도 말이다. 142년이라는 골이 너무 깊다. 그렇다고 속앓이만 하고 가만히 있을 수 없기에 본서를 통하여 세상에 알리게 되었다. 본서를 통하여 영이신 아버지의 말씀을 올바르게 세우기를 원하는 목회자들과 성도들이 깨어 일어나기를 간절히 소망한다. 신구약 원어 텍스트의 비 본질로부터 본질에로의 대개혁이 대한민국에서부터 시작되었다. 이 개혁의 불길은 멈추지 않을 것이다. 영이신 아버지, 전능하신 아버지께서 친히 하시는 개혁이기 때문이다. 세계를 점령할 것이다. 세계의 성경에서 토속문화의 샤머니즘의 신(神)칭들이 삭제되고 명사 엘로힘과 데오스로 번역될 것이다. 세계에 성경이 하나의 이름(엘로힘-데오스)으로 통일되어 통일성경이 출판되어질 것이다. 인명, 지명 등의 명사"는 바뀌지 않는다는 것을 지금은 초등학교 3~5학년만 되어도 다 알고 있다. 그런데 영이신 아버지의 대한 이름 명사 엘로힘, 데오스가 세계 각 국가의 전통문화의 신(神)의 명칭으로 성경마다 다르게 표기 된다는 것은 영이신 아버지를 분노케 하는 것이다. 영이신 아버지께서 더하거나 감하지 말라는 말씀들을 거역하고 불순종한 죄이다(신 4:2, 신 12:32, 잠 30:6, 계 22:18-19).

"더하거나 감하지 말라"는 말씀은 신구약 원어 텍스트의 본질 외에 추가하거나 수정해서는 안 된다는 말씀이다. 영이신 아버지의 금지 בָּצַר (1219, 빠차르-잘라내다, 접근하지 못하게 하다)하신 말씀이시다. '너는 그의 말씀에 더하지(야사프-더하다, 증가하다, 다시 하다)말라. 그가 너를 책망 יָכַח (3198, 야카흐-결정하다, 심판하다, 입증하다, 꾸짖다, 징계하다) 하시겠고 너는 거짓말 כָּזַב (3576, 카자브-거짓말하다, 거짓말쟁이다)하는 자가 될까 두려우니라'(잠 30:6)고 하셨다. 영이신 아버지의 말씀을 더하거나 감하는 것은 거짓말이다. 거짓말은 솨탄 마귀의 본질이다(요 8:44, 창3:4-5). 그러므로 심판하신다. 이 저주의 심판은 긍휼이 존재하지 않는 둘째사망의 멸망을 말씀하셨다(계 19:20, 계 20:10-15, 계 21:8, 계 22:15, 마 25:41).

두려워하며 떨어야 할 것이다. 영이신 아버지의 이름, 엘로힘과 데오스를 전통문화의 신(神)의 명칭으로 바꿔 "하나님 아버지"라고 믿고 섬기며 부르는 것을 얼마나 분노셨을까? 생각해보라. 그러므로 이제는 영이신 아버지의 심판의 분노를 풀어드리고 신구약 원어 텍스트의 본질의 진리로 돌아가 원상회복을 하자는 것이다. 필자의 두 권의 출판된 책을 보라. "하나님"의 명칭이 무수히 나온다. 필자도 2025년 2월 8일 이전에는 독자들처럼 몰랐다. 그날로부터 우상신(神)칭인 "하나님"의 명칭을 사용하지 않는다.

예슈아께서 일곱 번씩이나 화있을진저(저주를 받을지어다)를 말씀하셨다. 마태복음 23:13-29절에 '너희는 천국 문을 사람들 앞에서 닫고 너희도 들어가지 않고 들어가려 하는 자도 들어가지 못하게 하는도다'(13), '눈 먼 인도자여'(16), '율법의 더 중한 바 정의와 긍휼과 믿음은 버렸도다'(23), '그 안에는 탐욕과 방탕으로 가득하다'(25), '회칠한 무덤 같으니 겉으로는 아름답게 보이나 그 안에는 죽은 사람의 뼈와 모든 더러운 것이 가득하도다'(27), '선지자들의 무덤을 만들고 의인들의 비석을 꾸미며'(29)라고 하셨다.

'뱀(솨탄, 마귀, 계12:9)들아 독사(에키드나-치명적인 독을 가진)의 새끼(겐네마-자손)들아 너희가 어떻게 지옥의 판결(결정)을 피하겠느냐'(마 23:33)고 하셨다(마 3:7; 마 12:34).

'실족(스칸달론-걸려 넘어지게 하는 장애물, 함정, 죄로 이끄는 유혹)하게 하는 일들이 있음으로 말미암아 세상에 화(우아이-저주)가 있도다 실족(스칸달론)하게 하는 일이 없을 수는 없으나 실족(스칸달론)하게 하는 그 사람에게는 화(우아이-저주)가 있도다'(마 18:7)라고 하셨다.

본문에서 에하드(하나)를 알려면 루바흐רוּחַ을 알아야 한다. 루바흐는 영이시다. 루바흐는 항상 독립적이다. 영은 보이지 아니하지만 실존하신다. 하늘들의 본질의 실체와 땅의 본질의 실체를 만드셨다. 루바흐는 천지만물을 창조하신 창조주이시다. 루바흐는 엘로힘, 에하흐 등의 이름과 칭호들과 하나라는 것을 알려준다. 영이신 루바흐께서 어떤 분 이신지를 알려주는 이름이요 칭호(속성)들이다.

원어 직역 문장정리 : 1 최초에 엘로힘께서 그 하늘들의 본질의 실체와 그 땅의 본질의 실체를 그가 창조하셨다. 2 그 땅에 혼돈과 공허와 흑암, 이것이 일어났다. 깊은 물위에 엘로힘의 얼굴들이 그 물들 위에 영의 얼굴들로 비상(飛上–왕으로 하늘에 좌정해 계시는 것)하셨다(베레쇠트세페르(창) 1:1–2)고 하였다.

요안네스유앙겔리온(요) 1:1,3절에서는 예슈아 데오스(전능자)께서 창조주라고 하였다.

원어 직역 문장정리 : 1 처음부터 이 말씀과 그가(예슈아) 있었으며 그리고 이 말씀을 향하여 그 데오스(전능자)가 함께 있었으며 그리고 이 말씀이신 그가(예슈아) 데오스(전능자)이시다. 3 모든 것들이 그(예슈아)를 통하여 그것이 만들어졌으며 그리고 그가(예슈아) 없이는 그것

이 만들어진 것의 하나도 그것이 만들어지지 않는다(요안네스유앙겔리온(요) 1:1,3)**고 하였다. 예슈아께서 엘로힘과 데오스와 하나라는 것을 알려주는 말씀이다.**

이 칭호들은 모두 루바흐(영)와 연결되어 있는 하나(에하드)라는 것을 알려주는 말씀이다. 이브리어 루바흐(영)라는 이름이 친숙하지 않으니까 이해를 돕기 위해 '루바흐는 영이시다.' 또는 '영이신 루바흐'라고 한다. 헬라어 성령은 하기오스(거룩한) 프뉴마(영)이다. 성령보다 '거룩한 영', 또는 프뉴마-영이시다. 라고 하는 것이 더 신구약 원어 텍스트에 맞다. -생략-

6.

영이신 루바흐가 어떤 분이신가를 알려주는 10가지 칭호들 간략해설

영이신 루바흐에 대한 공식적인 대표 칭호들의 대한 상형문자 의미, 사전적 의미를 간략해설 한다. 근대 이브리어를 가지고 웬 상형문자 의미냐 라고 할 수도 있지만 이브리어 근대어 알파벳 속에 상형문자 본질의 의미가 내포되어 있다. 학자들 중에는 이브리어 근대어를 글자일 뿐이라고 말하기도 한다. 그러나 기독교로 개종한 유대 랍비들이 이브리어 근대어로 상형문자의 의미와 영적의미를 가르치고 있다. 이것을 부인하면 이브리어 알파벳의 의미는 사라진다. 1960년대부터 한글 전용정책으로 1980년대 이후에 한자를 공문서와 교육과정에서 쓰지 않지만 한자 의미가 담긴 한글들로 그 의미를 아는 것과 같다.

이브리어 해설은 상형문자 의미+사전적 의미가 포함되어야 루바흐 엘로힘의 뜻을 이해할 수 있다. -생략-

헬라어는 사전적 의미는 있으나 상형문자가 아니므로 본문과 사전적 의미 중심으로 해설한다. 신구약 원어 텍스트는 사전적 의미로

만 한다. 그러나 사전적 의미들을 100% 신뢰할 수가 없다. 구체적이면서 간략하게 영이신 루바흐께서 어떤 분이신지를 대표하는 칭호들을 알아보자.

(1) 루바흐 רוּחַ 엘로힘 אֱלֹהִים이 공식적인 이름이다(창 1:2).

이브리어 루바흐 엘로힘에는 하나님(하늘 heaven + 님 prince)이라는 의미가 전혀 없다. 루바흐는 영이시다. 그리고 루바흐 엘로힘의 의미는 '영은 만능들이시다' 이다.

루바흐 상형문자 의미는 ① 세상 왕들을 통치하시는 만왕의 왕이시다(골 2:10, 딤전 6:15, 계 1:5, 계 17:14). ② 엑클레시아(성도)들의 머리이시다(엡 1:22, 엡 4:15-16, 골 1:18, 골 2:19). ③ 저주의 십자가에 못 박히셔서 아버지 루바흐 엘로힘께 사람을 연결하시는 예슈아이시다(요 14:6). ④ 죽음의 재앙을 받지 아니하는 생명의 울타리를 정하여 놓으신 영이신 루바흐이시다(출 12:13,21-23,27). ⑤ 영이신 루바흐께서 죄 사함과 영생구원의 방법을 미리 알려주셨다는 의미이다.

'주(아도나이) 에하흐(여호와)께서는 자기의 비밀을 그 종 선지자들에게 보이지 아니하시고는 결코 행하심이 없으시리라'(암 3:7)하였다(사 40:9, 사 52:7, 롬 10:13-18, 고전 1:18-21). 필자에게 이브리어가 열리기까지는 32~34년이 걸렸다(시 119:18, 시 51:10).

엘로힘은 (2)에하흐 엘로힘에서 해설한다.

(2) 에하흐 יְהוָה (3068, 에하흐-능력과 생명으로 실존하심, 에하흐 약 6,000회 이상, 예호와, 여호와Jehovah, 야웨yahweh) 엘로힘 אֱלֹהִים (430, 엘로힘-만능들이시다, 하나님 God, 신들 gods, 재판관들 judges, 천사들 angels, 창2:4)이다.

고유명사 에하흐 엘로힘은 '능력과 생명으로 실존하시는 만능들이시다.'는 의미이다. 엘로힘에는 하나님(하늘 heaven + 님 prince), God, 신들 gods, 재판관들 judges, 천사들 angels이라는 의미가 없다. 구약 원어 텍스트 그 어디에서도 찾아볼 수가 없다. 우리는 이것을 모르고 있었다.

에하흐 엘로힘 상형문자 의미 해설, 간략해설

יהוה (3068 에하흐 상형문자 의미-능력과 생명으로 실존하시는 분) יְהוָה 고유명사이다.

אֱלֹהִים (430 엘로힘 상형문자 의미-그는 모든 것들의 만능들, ~강함들, ~힘들, 권~세들 등등이시다) :אֱלֹהָיו 고유명사 남성복수이다.

에하흐 상형문자합성어 : 요드 + 헤이 + 바브 + 헤이이다.

● 상형문자 의미 해설

신성사문자라고 하여 요드, 헤이, 바브, 헤이라고 한다.

요드 – 쥔 손, 능력, 하게함, 되게 함이다. 에하흐는 영이신 루바흐께서 어떤 분이신가를 나타내는 칭호이다.

① 에하흐의 능력으로 무엇을 되게 해주면 되고 되게 해주지 않으면 되지 않는다는 의미이다(창 18:14, 시 18:1–3, 시 24:8–10, 시 93:1, 시 115:9–15).

② 영생을 얻은 자들을 붙잡고 계시는 손이라는 의미이다(요 10:28–29).

③ 저주의 십자가에서 못 박히신 능력의 손으로 아버지 루바흐 엘로힘께 사람을 연결하셨다는 의미이다(눅 24:33,39, 요 10:28–29, 요 14:6, 요 19:18, 요 20:25, 골 2:15).

헤이 – 호흡, 목숨, 생명, 실존이다.

① 에하흐는 생명과 생명으로 연결되어 실존하신다는 의미이다.

② 영존하신다는 의미이다.

바브 – 갈고리, 못, 연결하시는 사람 예슈아이시다.

① 예슈아께서는 저주의 십자가에 못 박혀 아버지 루바흐 엘로힘과 사람 사이를 십자가로 연결하신다는 의미이다.

헤이 – 호흡, 목숨, 생명, 실존이다.

① 에하흐는 능력과 생명으로 실존하시는 분이라는 의미이다(민 27:16).

② 사람의 호흡의 생명은 사람의 것이 아니다는 의미이다.

③ 에하흐는 모든 육체의 생명의 엘로힘이시다 라는 의미이다(민 27:16).

엘로힘 상형문자합성어 : 알레프 + 라메드 + 헤이 + 요드 + 멤이다.

● 상형문자 의미 해설

알레프 – 소, 힘, 희생, 배움이다.

① 만능의 힘이신 엘로힘께서 사람 예슈아로 오셔서 희생물이 되신다는 복음을 배우라는 의미이다.

라메드 – 목자, 막대기, 가르치다, 익힘이다.

① 영혼의 목자이신 엘로힘께서 적절한 구출과 징계로 가르치심을 익히라는 의미이다.

헤이 – 호흡, 목숨, 생명, 실존이다.

① 인간의 호흡의 생명은 사람의 것이 아니다. 그러므로 죽는다. 호흡의 생명은 엘로힘의 것이라는 의미이다(창2:7).

요드 – 쥔 손, 능력, 하게함, 되게 함이다.

① 엘로힘의 쥔 손은 강력하다. 그의 백성들은 누구도 빼앗아 갈 수가 없다(시31:5, 시37:28, 사45:17, 요10:28–29).

② 무엇을 되게 해주셔야 이루어진다는 의미이다(시127:1–2, 잠16:3).

멤 – 물, 진리, 사역, 생활화이다.

① 엘로힘의 사역은 오직 성경진리의 말씀으로 하신다는 의미이다.

② 물은 육체의 생명유지에 필수이다. 진리는 영혼의 필수적인 양식이라는 의미이다. 엘로힘은 오직 생명진리의 말씀으로 사역을 하신다. 상형문자 간략해설은 만능들이신 엘로힘께서 예언의 말씀을 이루신다. 엘로힘께서 장차 오셔서 저주의 십자가에서 대리적 속죄의 희생물로 죽으신다. 이로 인하여 죄 사함과 영원한 생명을 주신다는 것을 미리 가르쳐주셨다. 이 진리의 예언의 말씀들을 이루신다. 이 예언의 완성은 능력의 손이 십자가에 못 박혀 이루신다는 의미이다(창 3:15, 눅 24:27,44, 요 5:39, 요 19:18,30).

에하흐 엘로힘 간략해설

에하흐 사전의미(예호와, 여호와Jehovah, 야웨yahweh)와 엘로힘의 사전적 의미는("하나님 God, 신들 gods, 재판관들 judges, 천사들 angels")는 신구약 원어 텍스트의 의미가 아니다. 이런 사전표기에 대해서 목회자들과 성도들이 몰랐다. 존 로스 한 사람의 잘못된 성경번역이 사전내용까지 바꿔버린 것일까 하는 의문이다. 이 죄와 사망의 영향이 존 로스와 같은 죄를 짓지 아니한 우리에게 142년간 이어져 오고 있다(롬 5:12,14). 이제는 끝내야 한다. 시급하게 신구약 원어 텍스트의 본질의 이름과 칭호에 맞게 성경을 개정해야 한다.

목회자들과 성도들이 이 사실을 알았다면 항거하여 반기를 들었을 것이다. 이 사실을 몰라서 가만히 있었을 것이다. 이것을 알면서 묵인하고 방임하였다면 그 목회자는 루바흐 엘로힘의 사자(목회자)가 아니다(사 56:10-12, 렘 6:13-14, 렘 14:13-14, 렘 23:13, 호 9:7-8, 마 5:37. 마 24:11-12, 마 24:24).

에하흐와 엘로힘은 고유명사이다. 시간이 흘러가면서 엘로힘은 보통명사가 되었다고 한다. 세월이 흘러가면서 고유명사가 보통명사가 되었다면 본질에서 벗어난 것이다. 세상종말의 날까지 바뀌지 말아야 한다. 만능들이신 엘로힘이 보통명사가 되었다는 것은 토착문화의 영향이 분명하다는 것을 증명한다. 그러므로 이방우상 신상(출20:23, 레17:4), 신(출32:4, 대상16:26) 신들(출20:3, 출34:17)도 엘로힘이다. 그래서 학자들이 흔히 쓰는 말들이 있다. 어느 학자의 견해, 어느 학자의 추정, 어느 학자는 내 생각에는, 또는 어느 단어에서 파생되었다고들 한다. 필자는 그런 엘로힘이라면 믿지 않을 것이다. 필자가 학자들의 학문 연구를 부인하거나 비판을 하는 것이 아니다. 연구를 하되 어느 학자가 그랬다고 하지 말고 필자처럼 신구약 원어 텍스트에는 이렇다고 해야 한다. 신구약 원어 텍스트의 명사 엘로힘과 데오스와 한민족의 신의 명칭과의 명확한 구분을 짓기 위함이다.

학자들과 목회자들의 견해(見解)와 관점(觀點)을 달리할 수 있다는 것을 밝힌다. 학자들이 학문으로 만들어낸 엘로힘은 성경의 창조주 엘로힘이 아니다. 학자들의 추정과 견해, 또는 파생된 그런 엘로힘은 베레쉬트(창) 1:1절에 엘로힘이 아니다. 토착문화의 영향과 학자들의 결과물들이라고 할 수 밖에 없다. 학자들의 연구로 만들어진 엘로힘이 아니라 신구약 원어 텍스트의 엘로힘을 받아들이고 믿는 것이다. 팩트는 논쟁이나 연구의 필요성이 없다. 믿으면 된다. 필자는 천지만물을 창조하신 엘로힘께서 모든 것들의 만능들이심을 확실하게 믿는다(창 1:1, 창 18:14, 창 21:1-7, 창 24:1).

출애굽기(쉬모트) 3:14절을 인용하여 엘로힘을 스스로 있는 자라고 한다. 한문 스스로 자(自)의 영향의 표현이다. 신명기 6:4절의 원어 직역 문장정리를 보라 '이스라엘아 순종하라. 우리 엘로힘 에하흐는 하나이신 에하흐'라는 말씀은 에하흐는 능력과 생명으로 연결되어 영원 전부터 영원까지 실존하시는 분이시라는 의미이다. 그러므로 그의 말씀을 듣고 순종하라는 의미이다. 에하흐 엘로힘의 칭호는 변함없이 계속 유지보존하고 신구약 원어 텍스트의 본질을 올바르게 사용해야 한다.

육안으로 볼 수 없는 영이신 루바흐 엘로힘께서 최초로 모세에게 나는 엘로힘이다(창 1:1), 나는 루바흐 엘로힘이다(창1:2), 나는 에하흐 엘로힘(창 2:4)이라고 알려주셨다. 이 이름들이 팩트이다. 받아들여 믿으면 된다. 엘로힘은 '고유명사 남성 복수'이므로 모든 것들의 만능들이시다는 의미이다. 엘로힘의 모든 힘들, 능력들, 권세들, 지혜들을 대항 할 이방신(神)들이 없다. 그리고 비교할 이방신(神)들과 우상들이 없다는 의미의 엘로힘이시다. 못하실 것이 없는 전지전능하신 분이라는 것을 알려준 이름이다(창 18:14, 대하 32:8, 슥 4:6, 막 9:23, 고후 10:4-6, 빌 4:13). 구약의 엘로힘과 신약의 데오스는 그 의미가 같다. 데오스 이브리어 역어가 엘로힘이다. 그 의미는 '만능들이시다.', '전능들이시다'에서 찾을 수 있다.

(3) 엘로힘 אֱלֹהִים (430, 엘로힘 사전적 의미는 하나+님 God, 신들 gods, 재판관들 judges, 천사들 angels이 아니다, 모든 것들의 만능들, 힘들, 강함들, 권세들 등등이시다, 2.600회, 창1:1)이다.

고유명사 남성복수 '엘로힘은 만능들이시다.'는 의미이다. 엘로힘 상형문자 의미 해설과 에하흐 엘로힘 간략해설을 다시보라.

(4) 엘 אֵל (410, 엘 사전적 의미는 하나+님, 신 God, god이 아니다. 힘, 강함, 능력이다, 240회, 창14:8)이다,

이브리어 엘 원어에도 하나님(하늘 heaven + 님 prince)이란 의미가 전혀 없다. 240회, '엘은 힘과 강함이시다.'라는 의미이다. 엘은 엘로힘의 어근이다. 그러므로 남성단수와 남성복수로 나누일 뿐 의미는 동일하다. 이 사실들을 바로 잡지 않는다면 한국교회는 솨브(출20:7)하는 일반종교로 영원히 남게 될 것인가? 위대한 기독교가 치명적 치욕(恥辱)의 일반종교로 남게 될 기로(岐路)에 서 있다. 루바흐 엘로힘의 심판의 진노를 피해 갈 수가 없을 것이다(롬 1:18-25). '창세로부터 그의 보이지 아니하는 것들 곧 그의 영원하신 능력과 신성이 그가 만드신 만물에 분명히 보여 알려졌나니 그러므로 그들이 핑계하지 못한다'(롬 1:20)고 하셨다(시 7: 9-17).

'엘로힘은 의로우신 재판장이심이여 매일 분노하시는 엘로힘이시다. 12 사람이 회개하지 아니하면 그가 그의 칼을 가심이여 그의 활을 이미 당기어 예비하셨다. 13 죽일 도구를 또한 예비하심이여 그가 만든 화살은 불화살들이다. 14 악인이 죄악을 낳음이여 재앙을 배어 거짓을 낳았다'(시 7:11-14)고 하셨다.

엘로힘과 전능자의 좋은 명칭을 두고 한민족이 수천 년 섬기던 우상 하나님(하늘 heaven + 님 prince)의 신칭을 성경에 명기하여 142년 믿고 섬기고 부르고 있는지 이해가 되지 않는다. 토착문화의 영향을 받아들여 성경을 번역하면서 자리를 굳혀버렸다. 이 쓴(마라) 뿌리, 이 죽음의 독(마웨트-죽음, 죽는 것, 죽음의 영역)을 뽑아내지 않으면 우리가 죽는다(왕하 4:40, 히 12:12-16). 21세기인데 영적 분별력을 완전 상실자들이 아니라면 엘(힘과 강하심이시다)을 토속문화의 우상의 하나님으로 명기 할 수가 없다. 시급하게 성경에서 우상 하나님의 명칭의 '마라'와 '마웨트'의 죽음의 독을 뽑아내야 한다. 삭제해야 한다.

엘로바흐 אֱלוֹהַ (433, 엘로바흐 사전적 의미- 하나님 God, 신 god, 약 60회)이다. 엘로바흐는 힘, 권능, 만능이시다. 욥기에서 40회 나온다. 욥의 고향이 우츠 עוּץ (5780, 우츠-삼림이 많은, 수목이 우거진)이다. 우츠는 가나안 북동부의 바산, 사해의 남동쪽 에돔, 아라비아 사막 북부 지역 등으로 추정된다. -생략-

(5) 예슈아 יְשׁוּעָה (3444, 예슈아―구원, 구출, 구조, 도움, 번영, 복지, 승리, 전능자의 구원, 창49:18, 78회)이다.

예슈아 상형문자 의미 간략해설

예슈아는 '아멘하여 십자가에 못 박혀 영의 형상과 생명을 구원하시는 능력이시다.'는 의미이다.

예슈아의 사전적 이미를 보라. 예슈아를 믿으면 최상최대의 복을 받는다. 곧 죄 사함과 영생구원의 복이다. 최상최대의 복을 받은 자들은 환경에서도 구조와 구출의 도움을 받는다. 영적싸움에서 승리를 한다. 복지와 번영의 복을 받는다. 이러한 복들은 전능자의 구원으로 주어진다는 의미이다. 헬라어에서 예슈아는 예수스, 이에수스이다. 한글성경 예수는 헬라어의 표기와 음어가 아니다. 그리스도도 헬라어의 표기와 음어가 아니다. 헬라어는 크리스토스이다. 그런데도 한국교회 목회자들은 교회에서 예수 그리스도라고 말한다. 원어대로 명기하여도 발음에 부담이 전혀 없다. 목회자들이 원어에 관심이 없고 연구를 안 하든지 아니면 알아도 모른 척하고 있든지... 무관심... 방관하고 있는 것일까요?..이제는 본질로 돌아가야 한다(갈 1:10, 9-12).

(6) 아버지 אָב (1, 아브-아버지, 신32:6, 렘3:4,19, 사63:16, 호1:10, 말1:6) 이다. 아브는 '만능으로 집을 만드시는 아버지이시다.'라는 의미이다.

성도들을 낳으신 아버지라는 의미이다. 우리성도들의 아버지는 거룩한 영(하기오스 프뉴마, 이브리어 카다쉬 루바흐)이시다(요 1:12-13, 마 10:40, 롬 8:9,14-15, 고후 6:17-18, 갈 4:6, 고전 3:16-17, 요 3:5-6, 요 6:63, 고전 12:3, 약 1:18, 벧전 1:23, 요일 3:1, 창 1:2). 성도들은 거룩한 영이신 아버지께서 거주하시는 집이다(롬 8:14-16, 고전 3:16-17, 고후 13:5, 갈 4:4-7, 골 1:27, 창 2:7, 습 3:17). 아버지는 우리 성도들이 가장 많이 불러야할 칭호이다. 아버지!~~~ 예슈아를 마음에 영접한 자들은 전능하신(데오스)아버지의 자녀이다. 전능자의 자녀들에게는 선택의 자유와 통치권의 권한을 부여해 주셨다(요 1:12-13, 창 1:28). 더 많은 설명이 필요하다. 심오한 진리들이 감추어져있다. **-생략-**

(7) 남편 בַּעַל (1166, 빠알 사전적 의미-결혼하다, 통치하다, 주인, 소유주, 남편, 사54:5, 렘3:14, 렘31:25)이다.

빠알은 '마음의 집을 사모하여 바라보고 계시는 목자이신 남편이시다'는 의미이다. 성도들을 지으셨고 신부로 삼으셨다. 때로는 아버지와 부자관계로 말씀하신다. 그리고 빠알을 통하여 부부관계로 말씀하셨다. 부자관계와 부부관계는 떼려야 뗄 수 없는 사랑의 관계가 되었다는 말씀이다. 빠알하면 우상으로만 알고 있기에 상세해설을 한다.

빠알 상형문자합성어 : 뻬이트 + 아인 + 라메드이다.

● 상형문자 의미 해설

뻬이트 – **집, ~안에, 속사람, 마음의 집이다.**

아인 – **눈, 대답, 예, 아니요. 이다.**

라메드 – **목자, 막대기, 가르치다, 익힘이다.**

빠알의 기본어근은 결혼하다, 통치한다는 의미이다. 빠알하면 불레셋 신(神)이나 이방신(神)의 대한 이미지일 것이다(민 22:41, 삿 2:11,13, 삿 6:25,28,30-32). 그러나 빠알의 원래의 의미는 에하흐 엘로힘과 사람과의 관계에 대하여 쓰여 졌다. 부부관계의 친밀관계를 알려주시려고 빠알의 칭호를 사용하셨다. 부부가 되면 이혼불가이다(마 19:5-6). 이혼불가라는 말씀은 영원히 성도들과 함께 하시는 만능의 남편이시다. 는 의미이다.

'남편들아 아내 사랑하기를 크리스토스(그리스도)께서 교회(엑클레시아-불러냄을 받은 무리, 성도들)를 사랑하시고 그 교회를 위하여 자신을 주심 같이 하라'(엡 5:25)고 하였다(꼭 읽어보라. 엡 5:23-33). 부부관계를 말씀하시면서 신부인 성도를 살리려고 자신의 생명을 저주의 십자가에 내어주시기까지 사랑하고 계신다는 것을 알려주신 것이다.

'모든 사람은 결혼을 귀히 여기고 침소를 더럽히지 않게 하라 음행하는 자들과 간음하는 자들을 전능자(하나님)께서 심판하시리라'(히 13:4)고 하였다. 영이신 아버지와의 영적 결합을 하였는데 신부된 성도가 우상을 섬김으로 영적 간음을 하면 전능자께서 심판하신다고 하셨다. 우상의 하나님(하늘 heaven + 님 prince)을 믿고 섬기므로 영적 음행과 간음을 행하고 있다. 그래서 우리는 전능자의 심판을 받게 된다는 말씀이다.

예슈아께서 아버지라고 하신 분은 영이신 아버지이시다. 영이신 아버지와 예슈아와 성도들이 영으로 하나 되게 해달라는 예슈아의 기도이다(요 17:11,16,21-24). 영적인 사랑 관계로의 하나라는 의미이다. 예샤야(사) 54:5에 '이는 너를 지으신 이가 네 남편(1166, 빠알-결혼하다, 통치하다)이시라 그의 이름은 여군들의 에하흐이시며 네 구속자는 이스라엘의 거룩한 이시라 그는 온 땅의 엘로힘이라 일컬음을 받으실 것이라'고 하였다. 에하흐 엘로힘은 사람을 만드신 생명의 주인이시다. 생명의 주인이시므로 사람들이 가장 쉽게 알아듣도록 남편이라고 말씀하셨다.

남편은 아내(성도들)를 책임지고 사랑하고 보호하는 것처럼 우리성도들을 책임지시고 사랑하신다는 말씀이다(시 121:1-8). 헤어질 수 없는 영적인 부부관계를 말씀하신 것이다(마 5:32, 마 19:9). 음행은 이혼의 사유이지만 그 음행(우상섬김) 죄 까지 용서해 주신다. 엘로힘(호세아-구원)은 성도들의 영적인 남편이시다. 우상을 섬기는 아내인 이스라엘(고메르, 호1:3, 호3:1, 음란한 고메르는 아내가 된 성도)에게 이렇게 말씀하신다. ① 이스르엘은 엘께서 흩어 뿌리신다(호1:4). ② 로루하마는 긍휼히 여김을 받지 못한다(호1:6). ③ 로암미는 내 백성이 아니다(호1:9). 에서 ① 이스르엘은 이스라엘-엘(강함이시다)로 힘을 얻어 강하게 된 자(호1:10), ② 긍휼을 받지 못하는 로루하마는 그의 깊은 사랑을 받는 루하마로(호2:1), ③ 내 백성이 아니라는 로암미는 내 백성이다는 암미로(호2:1)바꿔 주셨다. 엘로힘의 사랑이 얼마나 큰지를 알려준 말씀들이다(호 1:1-9, 호 1:10-2:1, 호 2:2,16,19-23, 호 4:12-15, 호 5:3-4, 호 6:1-3, 호 14:1-4, 요 3:16, 롬 5:8, 엡 2:1-5, 요일 4:9-10).

사람이 왜 루바흐 엘로힘의 통치와 지배를 받아야 하며 주인과 소유주로 섬겨야 할까요? 그 이유는 사람은 루바흐 엘로힘께서 거하시는 집이기 때문이다. 사람이 실존하는 원인은 루바흐 엘로힘께서 거주하시므로 호흡하며 실존한다(창 2:7). 루바흐 엘로힘께서 사람을 떠나면 그것이 곧 죽음이다. 목회자들과 성도들이 이것을 잘 모르고 있다. 루바흐 엘로힘께서 성도들을 집으로 삼고 거주하시는 것을 결혼했다라고 표현하는 것이다. 루바흐 엘로힘께서 그것을 남편이라고 하신 것이다. 그 신랑으로 예슈아 크리스토스(이에수스 크리스토스, 예수스 크리스토스, 예슈아 마쉬아흐)께서 오셔서 이루셨다(요 19:30). 이제 예슈아 크리스토스와 결혼 즉 영적인 연합, 영적인 접붙임을 받은 자 되었다(마 25:1-10, 요 14:6, 요 15:1-6, 롬 11:17-19, 고후 11:2, 계 19:8).

아담은 루바흐 엘로힘에 의해서 만들어 졌다(창 1:2,26-28, 창 2:7,21-25). 여자의 존재가 남자에 의해서 만들어졌다(고전 11:8-9). 모든 사람은 루바흐 엘로힘의 통치와 지배와 다스림을 받아야 한다. 여자(아내)는 남자(남편)의 통제와 다스림을 받아야 한다는 분명한 이유이다. 신부된 성도가 남편이신 예슈아의 통제와 지배를 받지 않으면 신부로서의 자격을 상실한다.

성도들이 영이신 루바흐 엘로힘과의 사랑관계 유지를 위해 힘쓰지 않고(신6:4) 루바흐 엘로힘의 능력을 이용하여 자기의 유익-이익(성공, 형통)을 도모하려는 경향이 많다. 기복신앙의 영향은 한민족의 토속문화에서 왔다. 한국교회는 혼합종교와 함께 출발하였다고 보아야 한다. 한민족 신칭인 하나님(하늘 heaven + 님 prince)을 버젓이 창조주 하나님으로 1881~1882년3월 까지는 하느님(하늘 heaven + 님 prince)과 하나님을 병기하여 표기하다가 1883년 10월부터 공식적으로 성경에 하나님으로 명기함으로 시작하였다. 그러므로 기복신앙은 진리의 본질을 떠난 것이다. 전능하신 루바흐 엘로힘에게서 멀어진다. '하늘님께 비나이다'는 샤머니즘이다. 성도들의 기도방법은 예슈아께서 가르쳐주신 기도의 중심으로 해야 한다(마 6:8-13,31-34). 성경 그 어디에도 기복신앙의 대한 말씀이 없다. 신약의 팔복+최상최대의 복(예슈아를 믿음으로 죄 사함과 영생구원)은 구복이다. 구약성경에는 칠복이 있다. '이브리어 단어별 해설로 새롭게 알아가는 일곱가지 복'을 집필 중에 있다. 성경의 복들은 모두 영적인 복이다. 복의 순서가 명확한 성구가 있다. 영혼이 잘되는 것이 항상 먼저이다. 영혼이 잘되면 이생에서 누리는 복들은 보너스로 더하여 주시는 복이다(요삼 1:2, 마 6:8-13,31-34). 예슈아께서 가르쳐 주신 팩트이다. 번영복음의 탈을 쓰고 있는 기복신앙의 출처가 토착문화의 영향이라는 것을 잊지 말아야 한다. 루바흐 엘로힘, 에하흐 엘로힘, 예슈아 크리스토스를 사랑하면 구하지 않아도 부족함이 없도록 필요를 다 채워주신다(시 23:1-6). 그 사랑은 전능하신 아버지의 말씀순종이다. 말씀을 순종하지 않는 사람은 교인들이다. 성도가 아니다.

사람이 기복을 추구하지 않아도 빠알(영이신 루바흐와 영적결혼, 접붙임을 받고 그의 통치를 받음)을 하면 말씀들을 순종하게 된다. 순종하는 자들에게 성경의 약속하신 복들을 받아 누리게 하신다(신 28:1-14, 마 6:24-34 등등).

사사(사파트-재판하다, 다스리다, 통치하다) 때에 이스라엘 백성이 에하흐 엘로힘을 버리고 섬긴 대표적인 우상이 '빠알'이다. 우상숭배 자들을 용서하지 않으신다. 둘째 사망 영멸지옥에 들어가는 죄악이다(출 20:3-5, 레 20:1-6, 신 27:15, 시 115:8, 사 37:19, 사 44:9-20, 단 5:22-30, 고전 10:7-8, 엡 5:5, 요일 5:21, 계 21:8, 계 22:15). 에하흐 엘로힘께서 가장 싫어하시는 우상을 섬기는 것이다. 한글성경의 하나님은 토속문화 한민족이 수천 년 섬겼고 지금도 섬기고 있는 우상의 신칭인 하나님(하늘 heaven + 님 prince)이라는 것이 팩트다.

솨탄의 미혹을 받아들이면 루바흐 엘로힘을 떠나므로 우상숭배를 한다. 우상숭배는 루바흐 엘로힘보다 더 사랑하는 모든 것들이다(창 3:1-6, 삿 17:6, 삿 21:25, 전 11:9, 마 4:1-11, 요 8:44, 약 1:15, 요일 2:15-17). 에하흐 엘로힘께서 우리를 얼마나 사랑하시는지를 이렇게 말씀 하셨다. '내가 시기한다', '내가 질투한다'고 말씀하셨다. 이 사랑을 외면하고 계속 우상과 음행을 행하면 멸하신다고 하셨다(출 20:5, 출 34:7,14, 레 20:5, 민 14:18,33, 신 4:24, 신 6:15, 신 7:10, 신 32:39-42, 수 23:16, 고전 10:6-11).

루바흐 엘로힘, 예슈아 크리스토스와 결혼한 성도는 마음과 눈을 다른 것들에 빼앗기지 않는다. 그의 통치를 받고 사랑하며 행복과 자유를 누리라는 것이 빠알의 진리이다(요 8:32,36, 요 16:13, 요 17:17, 고후 3:17, 시 25:5, 잠 1:23, 요일 4:9-11). 이제는 신랑 되시는 예슈아를 기쁘시게 해드리자. 전 세계 Protestant 교회들은 신구약 원어 텍스트의 이름 명사 엘로힘과 데오스와 그 어떤 관련도 없는 자국(自國)

의 최고의 신(神), "하나님"의 이름들을 내려 놓아야 한다. 신구약 원어 텍스트의 본질로 슈브(되돌아가다. 회복하다)할 때가 되었다. 이제 전 세계 Protestant들은 신구약 원어 텍스트의 명사, 구약은 "엘로힘"(Elohim)으로 신약은 "데오스"(Deus)로 통일해야 한다. 신구약 원어 텍스트는 하나인데 각 국가에서 믿고 섬기는 명칭들이 다른 이유는 토속문화의 신(神)의 명칭들을 사용하고 있다는 증거이다.

전 세계 Protestant교회들은 하나의 이름으로 통일 되는 것이 엘로힘과 데오스의 뜻이다. 선교사들이 신생 선교국에 선교를 하면서 선교국의 토속문화의 최고의 신(神)의 명칭을 이용하여 선교의 한 방편으로 사용하였다. 선교의 효과와 관계없이 신구약 원어 텍스트의 중심으로 볼 때 너무나 큰 잘못을 넘어 전능하신 아버지, 영이신 아버지께 죄를 범한 것이다. 영이신 아버지, 전능하신 아버지께서 원하시는 선교방법이 절대 아니다. 이것은 시대를 초월하여 정당화하거나 합리화할 수 없다. "트렌토 종교회의(1545-1563)에서 로마가톨릭교회는 성경과 전통(傳統)이 모두 하나님의 말씀임을 선언하였다." 로마가톨릭교회의 본질을 알 수 있는 증거이다. 그러므로 Protestant들은 로마가톨릭교회를 비 성경적이다. 우상종교이다. 그리고 기독교로 인정하지 않는 것이다. 토속문화의 신(神)들은 샤머니즘의 신(神)들이다. 무속의 신(神)들은 창조주 엘로힘(창1:1, 데오스, 요1:1-3), 루바흐 엘로힘(창1:2), 예하흐 엘로힘(창2:4)이 아니다. 각 국가의 토속문화의 샤머니즘의 신(神)들이다.

그러므로 이제는 전 세계 Protestant들은 신구약 원어 텍스트의 엘로힘(구약), 데오스-전능하신 자(신약)의 이름으로 통일성경을 출판해야 한다. 세계 각 국가에서 원어 텍스트의 언어는 아니지만 "예슈아 크리스토스"는 비슷하게 사용하고 있어 다행이다. 그러나 엘로힘 아버지, 창조주 엘로힘, 데오스(전능하신 자, 전능자)를 각 국가에 샤머니즘 신(神)의 명칭으로 대처(對處)하여 믿고 부르고 있다는 것은 마음 아픈 일이며 세계교회의 현실이다. 지금 우리는 귀신의 상과 성찬을 같이 하고 있으며 벨리알과 크리스토스를 동일시하고 있다는 것 또한 현실이다. 우리는 142년 전부터 아버지는 토속문화의 신(神) "하나+님"과 아들은 "예슈아 크리스토스"를 믿고 섬기고 있었다는 것 또한 현실이다. 충격적이지 않습니까? 이제는 신구약 원어 텍스트에서 알려주신 명사 엘로힘(만능들이시다), 데오스(전능하신 자)의 이름을 믿고, 섬기도록 성경개정을 세계교회에서 추진해야 한다. 하루속히 한국교회와 교단들과 뜻을 같이 하는 몇 사람이라도 성경 개정 추진위원회를 설립 출범하여 대개혁의 운동을 추진해야 할 것이다.

아래 말씀을 보라.

개역개정 : 고린도후서 6:14-18 "너희는 믿지 않는 자와 멍에를 함께 메지 말라 의와 불법이 어찌 함께 하며 빛과 어둠이 어찌 사귀며 15 그리스도와 벨리알이 어찌 조화되며 믿는 자와 믿지 않는 자가 어찌 상관하며 16 전능하신자의 성전과 우상이 어찌 일치가 되리요 우

리는 살아 계신 전능하신자의 성전이라 이와 같이 전능자께서 이르시되 내가 그들 가운데 거하며 두루 행하여 나는 그들의 전능자가 되고 그들은 나의 백성이 되리라 17 그러므로 너희는 그들 중에서 나와서 따로 있고 부정한 것을 만지지 말라 내가 너희를 영접하여 18 너희에게 아버지(파테르)가 되고 너희는 내게 자녀(휘오스(아들) 뒤가테르(딸))가 되리라 전능하신 주의 말씀이니라."고 하셨다. 거룩함은 곧 분리입니다. 루바흐 엘로힘께서 혼합주의를 싫어하신다(레 19:19, 신 22:9-11, 마 6:24, 약 3:10).

'한 사람이 두 주인을 섬기지 못할 것이니 혹 이를 미워하고 저를 사랑하거나 혹 이를 중히 여기고 저를 경히 여김이라 너희가 전능하신 자와 재물을 겸하여 섬기지 못하느니라'(마 6:24)하셨다. 우리는 존 로스 이후 두 주인을 섬기고 있었다. 죄 사함과 영생구원은 예슈아 크리스토스를 믿음으로, 아버지는 "한민족의 미신하나+님"(하나의 신(神), 하늘(天)의 신(神))이었다. 성도들의 아버지는 루바흐 רוּחַ 아브 אָב-프뉴마 πνεῦμα 파테르 πατήρ 한 분 뿐이다. '땅에 있는 자를 아버지라 하지 말라 너희의 아버지는 한 분이시니 곧 하늘에 계신이시니라.'

원어 직역 문장정리 : '그리고 너희가 이 땅위에(있는 자를) 아버지라고 불렀으나 아니다. 참으로 너희의 그 아버지는 그 하늘의 그 하나이

다.'(마 23:9)고 하셨다. "그 하늘 οὐράνιος(3770, 우라니오스)"은 많
은 해설이 필요함. -생략-

(8) 임마누엘 עִמָּנוּאֵל (6005, 임마누엘-엘께서 힘과 강하심으로 우리와 함께 계신다, 사7:14)이다.

임마누엘 상형문자 간략해설

'예슈아께서 진리의 생명의 경계선 안에서 우리를 보시며 만능(엘)으로 함께 하시는 분이시다.'는 의미이다. * 상세해설은 2024년 5월 20일 발행 '이브리어 단어별 해설로 새롭게 알아가는 신론 죄론 p103을 보라.'

이브리어 임마누엘 합성어, 간략해설

임마누엘은 임(עִם , 5973 : ~와 함께)과 엘(אֵל , 410 : 힘, 강하심, 만능이심)의 합성어이다.

이브리어 원어의 의미는 상형문자의 의미와 사전적 의미가 종합해설 되어질 때 루바흐 엘로힘의 뜻이 명백하게 알 수 있다. 이브리어 근대어로 변천되었지만 상형문자의 의미가 그대로 내포되어 있다.(의미가 없다는 학자도 있다. 유대 랍비들은 근대어로 상형문자 의미를 해설한다.)

남성단수 엘께서 우리들과 함께 하신다는 것은 엄청난 기적이다. 엘은 힘, 강하심, 만능 등등의 의미가 있다. 엘을 믿으면 환경에서 일어나는 어려운 일들로 인하여 걱정하지 않는다. 원망 불평하지 않는다. 염려, 근심하지 않는다. 두려워하지도 않는다. 도리어 엘께서 해결해 나가신다는 기대감을 가지고 소망한다. 기도하며 기다리고 바라본다. 필자는 어려운 문제를 만날 때마다 말씀을 주셨다(시 118:18, 고전 10:13, 시 18:1). 이 말씀들은 목회 중에 3번의 큰 난관(難關)을 이기는 기적의 말씀들이다. 루바흐 엘로힘께서 살아 실존하신다는 것을 체험하는 말씀들이었다. 이 난관들을 통과한 이후로는 평탄한 솨람שָׁלֵם(완전하다, 완성하다, 온전하다, 평안, 안녕, 번영, 형통, 승리)과 토브טוֹב(좋은, 선한, 즐거운, 유쾌한, 모든 좋은 것, 선, 이익, 번영, 복지(福祉)를 누림)의 목회를 하고 있다.

헬라어 엠마누엘, 간략해설

Ἐμμανουήλ(1694, 엠마누엘- 엘(힘, 강하심, 능력)께서 우리와 함께 계시다, 마 1:23)이다.

엠마누엘은 이브리어식 발음이다. ① 엠마누엘을 만능이신 엘께서 우리와 함께 계신다. ② 힘이신 엘께서 우리와 함께 계신다. ③ 강하신 엘께서 우리와 함께 계신다는 의미이다. 신약성경의 하나님(하늘 heaven + 님 prince)

명기는 모두 전능자(데오스)이시다. 앞으로 신약은 모두 전능자, 또는 데오스로 읽어야 한다. 그리고 '하나님(하늘 heaven + 님 prince)이 우리와 함께 계신다'가 아니다. 엘께서 우리와 함께 계신다는 의미이다. 구약성경의 하나님(하늘 heaven + 님 prince) 명기는 모두 엘로힘, 또는 만능들이시다 라고 읽어야 한다. 신구약 성경에 명기되어 있는 하나님(하늘 heaven + 님 prince)은 토속문화 한민족이 수천 년 믿고 섬겨왔던 신칭인 우상의 하늘님, 하늘에 있는 신(神)이다. 신구약 원어 텍스트의 엘로힘, 엘, 엘로바흐, 데오스-전능자와 전혀 관련이 없는 우상의 신칭 사용을 중단해야 한다. 성경을 읽으면서 구약성경의 하나님은 삭제하고 '엘로힘'또는 '만능들'로, 신약성경의 하나님은 삭제하고 '전능자' 또는 '데오스'로 표기해서 사용해야 한다.

(9) 아도나이 אֲדֹנָי (136, 아도나이 사전적 의미 – 나의 주, 나의 주님, 나의 주인, 창 15:2)이다.

아도나이는 '나의 주, 나의 주님이시다'는 의미이다.

상형문자 합성어 : 알레프 + 딸레트 + 눈 + 요드이다.

● 상형문자 의미

알레프 – **소, 힘, 희생, 배움이다.**

딸레트 – **생명의 문, 종속이다.**

눈 – **물고기, 규정, 규칙이다.**

요드 – **쥔 손, 하게함, 되게 함, 능력이다.**

● 상형문자 의미 해설

아도나이가 '나의 주'라는 것은 에하흐 손의 능력으로 하게 하시는 나의 주, 만능의 힘이신 나의 주, 생명의 문안에서 살라고 하시는 나의 주, 루바흐 에하흐께서 정하여 놓으신 생명의 경계선을 넘어가지 말라고 하시는 나의 주시라는 의미이다.

이러한 의미가 있어서인지는 모르겠으나 유대인들은 에하흐 이름을 두려워서 읽거나 부르지 못하고 에하흐를 아도나이로 읽고 부른다. 이것은 모세와 아브라함의 믿음의 행위를 따르지 않는 것이다(요 8:33,39-40,56). 에하흐 이름은 부르라고 주셨다(창 4:26, 창 12:7-8). 아브라함은 나의 주(아도나이) 에하흐라고 부르기도 하였다(창 15:2). 아브라함처럼 나의 주 에하흐라고 부르는 것은 성경적이다. 에하흐를 아도나이를 부른다고 두려움이 사라지는 것이 아니다. 에하흐를 경외하는 것도 아니다. 에하흐를 사랑하는 것도 아니다. 에하흐는 죄를 심판하신다. 우상숭배를 심판하신다. 에하흐 이름을 부르라고 주셨는데 부르지 않고 아도나이라고 부르는 것이 망령된 죄를 짓고 있는 것이다(출 20:7). 에하흐 이름을 부른다고 심판하지 않으신다. 성경 어디에도 에하흐를 나의 주(아도나이)라고 부르라는 말씀이 없다. 에하흐를 나의 주(아도나이)라고 부르지 않으면 너희를 심판하겠다는 말씀도 없다. 에하흐여!~ 나의 능력이여! 나의 생명이여! 나를 실존케 하시는 이시여라고 자연스럽게 부르도록 연습을 하시기 바랍니다.

아버지와 빠알과 임마누엘의 해설을 다시 읽어보라. 아버지를 아저씨라고 부르면 되겠습니까? 에하흐 엘로힘께서 친히 우리의 남편이라고 하셨다. 두려움의 대상이 아니라 사랑과 존경의 대상으로 함께 하신다는 것은 영광중에 영광이다.

(10) 데오스 θεός(하나+님 God, 신 god, 전능들이시다, 마 1:23, 눅 17:21, 계 22:18-19)이다.

데오스는 '전능들이시다.'는 의미이다. 데오스는 하나님(하늘 heaven + 님 prince)이라는 의미가 전혀 없다. 데오스는 '전능들이시다'라는 의미이다. 데오스께서 "하나님, 신, God, god"이라는 사전적 의미는 신약 원어 텍스트의 의미가 아니다.

우리가 믿는 루바흐 엘로힘은 무소부재(천지에 충만, 렘23:24, 시139:7)하시지만 우리 안에 계시는 분이시다(창 2:7, 요 14:17, 골 1:27, 눅 17:21).

하나님(하늘 heaven + 님 prince)은 사람과 함께 하지 않는 하늘의 신이다. 하나님(하늘 heaven + 님 prince)이라는 명칭을 긍정적으로 '하나'이신 '님'으로 받아들인다 할지라도 그 하나님(하늘 heaven + 님 prince)은 하늘에만 있다. 너무 멀리 떨어져 계셔서 만나기 힘들고 분리되어 있다. 우리와 함께 계시는 임마누엘, 엠마누엘이 아니다(사 7:14, 사 8:8, 마 1:23, 요 17:11,21-24). 죽어 천국도 성경과 배치(背馳)된다. 살아 있을 때 마음의 데오스θεός 왕국βασιλεία을 누리지 못하면 죽어 전능자(데오스)의 왕국(바실레이아)에 들어갈 수 없다(눅 17:21).

◆ **루카스유앙겔리온(눅) 17:21절 중심으로**

본문 : 루카스 유앙겔리온(눅) 17:21 '또 여기 있다. 저기 있다고도 못하리니 하나+님(전능자)의 나라(왕국)는 너희 안에 있느니라.'고 하였다.

원어 직역 : ~도 아니다 그것들 저들에게 말하였다. 보라. 이쪽 저쪽 보라. 참으로 그 왕국 그 전능자(데오스) 안에 너희 그가 있다.

원어 직역 문장정리 : 그것들을 그들에게 말하였다. 보라. 저쪽과 이쪽도 아니다. 보라. 참으로 그 전능자(데오스)의 그 왕국은 너희 안에 그가 있는 것이다.

성도들의 마음 안에 전능자가 있다는 것이 곧 왕국이다. 마음에 솨탄이 거주하면 곧 지옥이요, 솨탄의 집이다(마 12:43-45, 눅 8:2,27-30).

마음에 전능자의 왕국이 있다고 하면 영지주의자라고 하는 자들이 있다. 성경에 대해 무지한 사람이다. 예슈아께서 말씀하신 복음의 성경을 뒤집어 버리는 솨탄의 세력이다(창 2:17, 창 3:4). 루카스 유앙겔리온(눅) 17:21절과 예슈아와 루바흐 엘로힘께서 우리와 함께 하신다는 수많은 성경구절들을 부인하는 자이다.

עִמָּנוּאֵל (6005, 임마누엘-엘이 우리와 함께 계신다, 사7:14, 마1:21-23)임마누엘은 임(עִם , 5973: ~와 함께)과 엘(אֵל , 410: 엘 남성단수-힘, 강하심, 능력)의 합성어이다. 창세기 2:7절 회복이 임마누엘이다.

너와 함께(임메카) עִמְּךָ 전치사-2인 남성 단수(창21:22 창26:28, 창28:15, 수3:7)이다

나와 함께(임마디이) עִמָּדִי 전치사-1인 공성 단수(창28:20, 시23:4)이다.

성도들을 성전(엑클레시아)이라고 하는 것은 거룩한 영께서 성도들을 집으로 삼고 거주하신다는 말씀이다(마 10:20, 요 14:16-17,23, 롬 8:9, 고전 3:16-17, 고전 6:19-20, 고후 13:5, 갈 4:6, 골 1:27, 딤후 1:14, 요일 4:13). 거룩한 영께서 우리 마음의 집에 거주하신다는 것을 의식하며 살아가는

자들이 믿는 일을 바르게 한다. 예슈아께서 육신을 입으시고 이 땅에 오셨다. 저주의 십자가에서 대리적 속죄를 완성하셨다. 예슈아께서 성도들과 영원히 함께 하신다는 예언의 말씀을 이루셨다(사 7:14, 마 1:21-23, 요 19:30). '다 이루었다' 헬라어는 텔레오 τελέω(5055, 텔레오-끝내다, 끝나다, 완성하다, 수행하다, 성취하다, 가르치는 일을 수행하다, 말한 것을 수행하다, 약속을 이루다, 목적에 따라 실행하다, 행하다)이다. 루바흐 엘로힘께서 선지자들에게 가르쳐주시고 말씀하신 것들을 예슈아께서 직접 수행하셨다. 예언의 말씀에 따라 예슈아께서 약속을 다 이루셨다.

신구약 성경 70권(시편을 5권으로)은 거룩한 영의 감동의 말씀이다. 신앙과 행위의 정확 무오한 유일한 법칙이다. 신구약 원어 텍스트 헬라어 데오스(전능자), 이브리어 엘로힘, 엘, 엘로바흐를 하나님(하늘 heaven + 님 prince)으로 번역되어 142년간 불러왔다. 한민족 토착문화의 샤머니즘 하늘님을 유일하신 하나님(하늘 heaven + 님 prince)으로 부르는 한국교회가 되었다. 솨탄 미혹에 넘어간 존 로스 선교사가 루카스 유앙겔리온(누가복음) 1882년 3월판 까지는 하느님과 하나님을 병기 표기 하다가 요안네스 유앙겔리온(요한복음) 1883년 10월 번역판부터 하나님(하늘 heaven + 님 prince)으로 정식 명기하였다. 2025년 2월 20일부터 목회자 모임 3곳에서 신구약 원어 텍스트에는 하나님이라는 명칭이 없다는 사실을 전하였다. 한국교회 목회자들과 성도들이 한민족이 부르는 우상의 하나님(하늘 heaven + 님 prince)을 믿고 부르고 있다. 언제까지 믿고 부를지 참담한 현실이다. 이제는 신구약 원어 텍스트의 명사 엘로힘, 데오스의 본질로 되돌려야 한다.

존 로스는 "무엇보다도 하늘에", "God"을 "하느님"으로 1881년부터 최초로 표기하였다. 지식인들의 한문식 "상제"(上帝), "천주"(天主)를 민중이 애용하는 언어로 하느님/하나님으로 표기하였다."[20] 자료들은 차고 넘칩니다.

반증(反證)

"하늘에", "God"을 "하느님"으로 1881년부터 최초로 표기하였다고 하였다. 처음부터 신구약 원어 텍스트의 칭호들과 관련이 전혀 없는 하나님(하늘 heaven + 님 prince)의 명칭을 계속사용해도 될까요? "한문식 "상제"(上帝), "천주"(天主)를 민중이 애용하는 언어로 하느님 / 하나님으로 표기하였다."고 하였다.[21] 자료들은 차고 넘친다. 베로이아(베뢰아) 성도들처럼 성경에서 성경으로 되새겨 봐야 한다. 민중이 애용하는 언어 하느님, 하나님으로 성경에 표기한 것은 처음부터 토속문화를 받아들였다는 명백한 증거이다.

한민족이 수천 년 부르던 신칭인 우상하느님, 우상하나님을 성경에 명기하여 놓았다고 하나이신 하나님(하늘 heaven + 님 prince)으로 믿고 불러서는 안 된다. 성경 번역자들은 엘로힘, 엘, 엘로바흐, 전능자 - 데오스의 존귀한 이름을 파괴한 원흉들이다. 사실이 아니었다면 사실로 돌리는 것이 지극히 정상적인 것이다. 사실로 돌아가는데 목회자들이 힘을 모아야 한다. 다른 것도 아니라 영이신 아버지의 이름이 사실이냐 가짜냐를 가리는 중차대(重且大)한 일이다.

존 로스와 토속문화 신학자와 상황 신학자는 중국은 "상제"(上帝), "천주"(天主)로 믿고 섬긴다. 일본은 神樣(かみさま 카미사마)로 믿는다. 인도는 빠르메슈와르(Parameshwara. 힌두교의 "최고의 신" 또는 "최고의 주"), 러시아는(바가 Бага(Baga) 신은 위대함과 권위, 신성한 존재, 힌두교"바가반"에서유래, 고스포드(Господь(Gospod) 주님, 주), 동방 정교회에서는(하나님 Theosis-신선함), 캄보디아는(프레아 치압부(ព្រះជាម្ចាស់) 신(神), 주, 주님)는 믿는다면서 신학적으로 전혀 문제가 없다고 한다. 그렇다면 신구약 원어 텍스트(성경70권, 시편을 5권으로)은 신앙과 행위의 유일한 법칙으로의 팩트의 가치를 상실하는 심각한 문제가 발생한다. 성경의 팩트를 파괴하는 자들은 자유주의 신학자이다. '나는 에하흐라 나 외에 다른 이가 없나니 나 밖에 신(神, 엘로힘)이 없느니라'(출 20:3)고 하셨다. 선교 신생국인 조선 땅에 최초로 예슈아 크리스토스의 복음을 전한 선교사(독일 출신의 칼 프레드릭 어거스트 귀츨라프선교사(1803~1851), 1832년 7월 17일 황해도 서해안 장산곶 부근에 도착함)와 중국(7세기 초 "성 아우구스티누의 제자"인 "하이에"선교사, 1582년 "예수회" "마테오 리치"신부선교사)과 일본(1549년 "예수회" 소속 "프란시스코 자비에르"신부선교

사), 인도에 성 토마스(55년 인도에 처음으로 기독교를 전파한 사도로, 인도 케랄라에 전통적인 동방 기독교 교파인 성 토마스, 덴마크 상인들이 데려온 개신교 목사들에 의해 이미 17세기부터 남인도에 개신교회가 세워졌다고 함), 러시아 최초 선교사 성 키릴과 성 메토디우(9세기 중반에 슬라브 민족을 대상으로 기독교를 전파)였다. "트렌토 종교회의(1545-1563)에서 로마가톨릭교회는 "성경과 전통(傳統)이 모두 하나님의 말씀임을 선언"하였다는 것은 로마 가톨릭 신부들이 선교한 모든 국가들마다 전통문화의 샤머니즘 신(神)들로 엘로힘과 데오스를 대신하였다는 확실한 증거이다.

개신교회의 목사들, 선교사들도 외에는 아니었다. 복음을 전한 선교사들이 모두 영어 문화권인 유럽(신부들과 목사들)과 미국 선교사들이었다. 그러므로 신구약 원어 텍스트(이브리어 엘로힘, 엘, 엘로바흐, 헬라어 데오스)가 아니라 영어를 기본으로 하여 선교국의 토착문화의 무속(巫俗)신(神)의 명칭으로 성경에 표기하였다는 것이 팩트이다. 중국은 "상제"(上帝-하늘에 계신 임금), "천주"(天主-하늘의 주인), 일본은 "神様"("かみさま 카미사마"-귀신(鬼神)은 신성한 존재), 한국은 "하느님"(하늘 heaven + 님 prince), "하나님"(하늘의 신(神)), 영어는(God-최고의 존재, 신(神)), 인도는 빠르메슈와르(Parameshwara. 힌두교의 "최고의 신" 또는 "최고의 주"), 러시아는(바가 Бага(Baga) 신은 위대함과 권위, 신성한 존재, 힌두교"바가반"에서유래, 고스포드(Господь(Gospod) 주님, 주), 동방 정교회에서는(하나님 Theosis-신선함), 캄보디아는(프레아 치압부(ព្រះជាម្ចាស់) 신(神),

주, 주님)으로 표기하였다. 이브리어 엘로힘, 엘, 엘로바흐, 헬라어 데오스가 아닌 토속문화의 대신(大神-원시종교나 신화의 큰 귀신(鬼神), 무서운 귀신(鬼神))으로 번역들을 하였다. 이것이 타락한 인본주의자들의 선교방법이었다는 증거이다. 이것은 영이신 아버지, 전능하신 아버지의 말씀을 불순종한 죄이다. 영어권 선교사들이 신구약 원어 텍스트로 번역하지 않았다. 한국, 영어권, 일본, 중국, 러시아, 인도, 캄보디아에서 토속문화를 받아들여 토속문화의 신들을 창조주, 유일신으로 믿게 하였다는 증거이다. 각국어로 성경을 번역하는 초기(初期)부터 토속문화의 신(神)칭으로 번역한 것이 21세기 오늘날까지 이어져 내려오고 있다. 이래도 신학적으로, 선교학적으로 문제가 없다고 하시겠습니까? 더이상 미신(迷信)의 신(神)칭인 "하나님"(하늘의 신(神))을 믿거나 불러서는 안 된다.

신구약 원어 텍스트를 부인하는 신학자와 목회자는 불행한 자들이다. 그 신학자에게 배운 신학생들과 그 목회자의 예배당에 다니는 성도들이 불행하다. 몰랐다 할지라도 '솨브'(공허, 헛됨, 허무, 거짓)의 죄이다(출 20:7).

바울은 갈라디아 1:10절에 '이제 내가 사람들에게 좋게 하랴 전능하신 자께 좋게 하랴 사람들에게 기쁨을 구하랴 내가 지금까지 사람들의 기쁨을 구하였다면 크리스토스의 종이 아니니라'고 하였다(행 5:29, 고전 1:18-29). 사람의 기쁨을 구하는 자는 솨탄이다(마 16:23). 육신의 생각은 사망이다. 전능하신 자의 원수이다. 크리스토의 사람이 아니다(롬 8:6-9)라는 말씀들을 두렵고 떨림으로 마음에 받아들여야 한다(빌 2:12-16).

전 세계가 신구약 원어 텍스트에 맞게 통일하여 하나이신 에하흐 엘로힘, 데오스의 전능하신 자를 믿고 불러야 한다(신 6:4, 요 8:41, 고전 8:4, 약 2:19, 유 1:4, 출 3:15). **성경을 폐기하고 하나님**(하늘 heaven + 님 prince)**의 명칭이 없는 성경을 발행하겠다는 사과문 발표를 기대해 본다. 사과문을 발표하지 않는다 할지라도 진리를 사모하고 신구약 원어 텍스트로의 개혁을 원하는 목회자들이 일어나서 교회에서 광고를 하여 성도들에게 성경 불매운동을 장려해야 한다.**

7.

쇄탄과 존 로스

쇄탄שָׂטָן (7854, 쇄탄-대적, 대항자), 마귀שֵׁד (7700, 셰드-악마, 마귀), 귀신 δαιμόνιον(1140, 다이모니온-귀신, 악령, 신(神), 신적(神的) 존재)이 하는 일들을 현재까지 112가지를 찾았다.

그 중에서 9가지만 본서와 관련하여 간략해설 한다. 112가지는 쇄탄, 마귀, 귀신의 본질들이요. 속성들이다.

쇄탄 상형문자합성어 : 쉰 + 테트 + 눈이다.

● 상형문자 간략 해설

쉰 – 이빨, 되새김질, 형상, 모양, 올바름이다. 쇄탄은 영물이다. 육의 눈으로 볼 수 없다. 하늘의 권세를 잡은 사악한(포네리아) 영적인 존재(프뉴마티코스)이다(엡6:12). 쇄탄은 의의 올바름이 없다. 사악하고 더럽다.

테트 – 뱀(사탄, 마귀, 계12:9), 선한 것, 지혜이다. 뱀에게는 선한 것이 전혀 없다. 선한 것은 영이신 루바흐 엘로힘의 속성이다. 뱀은 혀가 두 갈래이다. 죽음의 거짓말쟁이이다(요8:44). 진실이 전혀 없다.

눈 – 물고기, 규정, 규칙이다. 영이신 루바흐 엘로힘께서 물고기에게 정하여 놓으신 장소는 물이다. 물은 물고기에게 생명의 경계선이다.

솨탄은 물고기에게 너 물밖에 나가도 안 죽는다고 말하는 거짓말쟁이다. 우리에게는 야! 너 그렇게 믿는다고 잘 믿는 게 아니야. 인생이 어떻게 루바흐 엘로힘의 말씀을 다 지키며 사느냐고 하면서 적당히 살라고 한다. 말씀의 경계선을 넘어가도 괜찮아! 라고 미혹을 하여 말씀의 경계선을 넘어가게 하여 저주를 받게 한다. 루바흐 엘로힘의 저주의 심판을 받게 하여 죽이고 죽이는 자이다(창 3:4-6,19, 창 2:17). 구약 원어 텍스트에서는 두 가지 죽음을 알려주었다. 영혼의 죽음과 육체의 죽음이다. 그런데 솨탄의 지배아래 있는 성경 번역자들은 한 번의 죽음만 명기하였다(창 2:17, 창 3:4). 이브리어 엘로힘 2,600회, 엘 240회, 엘로바흐 60회,헬라어 데오스 1319회를 한민족 우상 신명인 하나님(하늘 heaven + 님 prince)으로 번역 하도록 존 로스와 성경 번역자를 이용하여 처음부터 본질을 파괴하였다. 감히 창조주의 이름을 우상 신(神)의 명칭으로 바꿔버린 이 죄를 전능하신 아버지께서 합당하게 심판하실 것이다.

셰드 상형문자합성어 : 쉰 + 딸레트이다.

● 상형문자 간략해설

쉰 – **이빨, 되새김질, 형상, 모양, 올바름이다.**

딸레트 – **문, 종속이다. 이 문은 생명의 문이다. 생명의 문이신 예슈아를 믿는 자는 예슈아의 생명의 열매를 맺는다는 의미이다**(요 10:2-4,7,9, 요 14:6, 요 15:1-6).

셰드 – **마귀는 생명의 문이신 예슈아를 믿지 못하도록 방해하는 자이다**(요 3:19-20, 행 4:1-3,17-21, 행 5:17-42, 고후 4:4,6, 사 30:9-11).

'그 중에 이 세상의 신(神)이 믿지 아니하는 자들의 마음을 혼미하게 하여 크리스토스의 영광의 복음의 광채가 비치지 못하게 함이니 크리스토스는 전능하신자의 형상이니라'(고후4:4)고 하였다. 루바흐 엘로힘를 정면으로 대적하는 셰드-마귀라는 것을 잊지 말자. 예슈아까지 시험한 셰드이다(마4:1-11). 마귀를 이기는 방법은 정신(精神-① 마음이나 영혼 ② 생각하고 판단하는 능력이나 작용)차리고 경계(警戒)하며 반대하고 거부하는 것이다(약4:7, 벧전5:8-9). 그러나 성경 번역자들은 솨탄을 거부를 하지 않고 받아들였다.

솨탄이 가장 잘하는 것들이 있다.

① 거짓말이다. 이것이 솨탄의 본질이다.

존 로스와 성경 번역자들은 아버지 루바흐 엘로힘의 말씀을 버렸다(창 2:17, 창 3:4-6, 요 8:44). 천지만물의 창조주 엘로힘, 엘, 엘로바흐, 전능자(데오스)를 토속문화의 한민족이 수천 년 부르던 하늘님을 하느님으로, 그리고 하나님(하늘 heaven + 님 prince)이라고 성경에 명기하여 엘로힘, 엘, 엘로바흐, 전능자(데오스)의 본질을 미신(迷信) 신(神)칭으로 바꿔버렸다. 여로보암(야로브암)이 벧엘(베트엘)과 단에 두 금송아지를 세우고 이스라엘 백성을 속여 너희를 애굽 땅에서 인도하여 올린 너희의 신(神)들(엘로힘, 왕상12:28)이라고 하였지만 누구 하나 반기를 들지 않았다(왕상 12:25-33). 우리가 한민족이 수천 년 부르던 신칭인 우상 하느님, 우상 하나님을 믿고 섬기는 것은 이스라엘 백성들이 금송아지 우상을 엘로힘으로 섬겼던 것과 다를 바 없다. 이에 대하여 1883년 10월부터 2025년 2월 20일까지 누구도 공식적으로 항거(抗拒)하지 않았다. 2025년 2월 20일 11시 필자가 항거의 깃발을 들었다. Protestant들은 대항(對抗)하여 외쳐야 한다. 한글성경에 명기되어 있는 하나님(하늘 heaven + 님 prince)은 한민족의 우상의 신칭이다. 우리는 존 로스로 인하여 142년간 "유일하신 하나님"으로 믿고 섬겼다. 2025년 2월 8일 이후로 필자의 교회에서는 "하나님"명칭을 사용하지 않는다.

② 욕심과 교만이다.

존 로스와 성경 번역자들이 한글성경을 번역하기 전부터 쇼탄의 미혹에 넘어갔다는 증거이다. 아버지 루바흐 엘로힘의 자리에 앉았다. 교만은 쇼탄의 본질이다. 천사장이 타락한 원인이다(벧후 2:4, 유 1:6, 계 20:10, 마 25:41, 사 14:11-23). 아담 하부하의 타락원인이다(창 3:1-6). 인간들의 타락과 패망의 원인이다(약 1:15, 잠 16:18). 아버지 루바흐 엘로힘의 자리에 앉아서 토속문화의 한민족 우상의 신을 유일신 하나님(하늘 heaven + 님 prince)이라고 명기하여 가짜 하나님(하늘 heaven + 님 prince)을 만들어 놓았다. 그러므로 존 로스와 성경 번역자들은 엘로힘의 자리에 앉아서 돌이킬 수 없는 교만한 쇼탄의 행동을 하였다. 전능자(데오스)의 일을 생각하지 않고 사람의 일을 생각하는 자들은 사타나스(쇼탄)라고 예슈아께서 말씀하셨다(마 16:23).

'엘리야가 모든 백성에게 가까이 나아가 이르되 너희가 어느 때까지 둘 사이에서 머뭇머뭇 하려느냐 에하흐가 만일 엘로힘이면 그를 따르고 만일 바알이면 그를 따를지니라 하니 백성이 말 한마디도 대답하지 아니하는지라'(왕상 18:21)고 하였다. 프로테스탄트(Protestant)들은 두 사이에서 머뭇거릴 시간 없다. 토속문화의 한민족 신 하나님을 섬기든지 아니면 에하흐 엘로힘을 섬기든지 선택해야 한다. 방관자는 죽은 자이다. 루바흐 엘로힘, 에하흐 엘로힘, 예슈아를 창조주로 믿지 않는 자이다.

다니엘 5:1-30절을 꼭 읽어보라.

'3 예루살렘 하나님(엘로힘)의 전 성소 중에서 탈취하여 온 금 그릇을 가져오매 왕이 그 귀족들과 왕후들과 후궁들과 더불어 그것으로 마시더라 4 그들이 술을 마시고는 그 금, 은, 구리, 쇠, 나무, 돌로 만든 신들(엘로힘)을 찬양하니라'(단 5:3-4). 벨사살(벨솨아차르)은 예루살렘 성전에 성물 그릇들로 술 마시며 우상의 신(神)들을 찬양하다가 죽임을 당하였다는 것을 잊지 말자(단 5:30).

③ 사람을 영 육간에 죽이는 전문가이다.

솨탄은 첫째 영을 죽인다. 둘째 육체를 죽인다(창 3:4, 요 10:10). 그리고 예슈아를 믿지 못하게 하여 둘째 사망 유황불지옥에 들어가게 한다(계 20:10,14). 육체의 생명보다 더 중요한 것이 영의 생명이다. 존 로스와 성경 번역자들은 영혼을 죽이는 일을 하였다. 우상의 이름 하나님(하늘 heaven + 님 prince)을 믿고 부르게 하여 예하흐 엘로힘의 이름을 솨브(망령)하는 죄를 짓게 하였다(출 20:7, 레 24:11-16). 영혼을 죽이는 일이 142년 동안 이어져 오고 있다. 이제는 끝내야 한다. 이 죽음의 행진은 성경에서 하나님(하늘 heaven + 님 prince)의 명칭이 사라질 때 까지 계속될 것이다.

쇠탄이 사람을 죽이는 방법이 다양하다.

둘째 사망, 유황 불 지옥에 가는 대표적인 죄목 10가지가 있다(계 21:8, 계 22:15, 요 3:18-20절 중심으로). 10가지 죄목은 사전적 의미만 보아도 알 수 있다. 그래서 해설을 하지 않는다.

① 두려워 δειλός(1169, 데일로스-비겁한, 무서운, 겁내는)하는 자들이다.

② 믿지 ἄπιστος(571, 아피스토스-신뢰할 수 없는, 의심스러운, 의지할 수 없는, 믿을 수 없는, 불충성한, 불성실한) 아니하는 자들이다.

③ 흉악한 βδελύσσω(948, 브델뤼소-혐오하다, 가증히 여기다, 몹시 싫어하다, 조용히 방귀 뀌다, 고약한 냄새가 나다)자들이다.

④ 살인자 φονεύς(5406, 포뉴스-살인자)들이다.

⑤ 음행 πόρνος(4205, 포르노스-창녀와 성관계를 맺는 음행자, 간음자, 비도덕적인 사람, 돈 때문에 부도덕한 목적에 자기가 이용되는 것을 허용하는 자, 남창, 포주)하는 자들이다.

⑥ 점술가 φαρμακός(5333, 팔마코스-독약을 넣는 자, 마술가)들이다

⑦ 우상숭배 εἰδωλολάτρης(1496, 에이돌롤라트레스-형상, 우상, 고용된 자, 종, 노예)자들이다.

⑧ 거짓말하는 ψευδής(5571, 프슈데스-속이는, 거짓된, 거짓말하는, 거짓말장이) 모든 자들은 불과 유황으로 타는 못에 던져지리니 이것이 둘째 사망이라'(계 21:8)고 하셨다.

⑨ '개들κύων(2965, 퀴온-개 dog)과 점술가들과 음행하는 자들과 살인

자들과 우상 숭배자들과 및 거짓말을 좋아하며 지어내는 자는 다 성 밖에 있으리라'(계 22:15)고 하셨다.

⑩ 예수스'Ιησοῦς(2424, 예수스(이에수스) - 에하흐는 도움이시다, 에하흐는 구원이시다) 크리스토스Χριστός(5547, 크리스토스-기름부음 받은 자)를 믿지 않는 죄이다(요 3:18-20).

이 내용들 중에 하나만 걸려도 둘째 사망의 심판을 받는다.

영이신 루바흐 엘로힘께서 금지한 말씀을 지키지 아니하면 죽고(모트מוֹת-죽는다) 죽는다(테무트:תָּמוּת-2인 남성단수, 너는 죽으며)고 하셨다. 두 번의 죽음을 말씀하셨다(창 2:17). 그런데 보라. 솨탄은 두 번의 죽음(모트מוֹת-죽지 않아) (테무툰 :תְּמֻתוּן -2인 남성복수, 너희는 안 죽어)을 부인하였다. '너희는 안 죽어 죽지 않아' 루바흐 엘로힘께서 거짓말 하였다고 하였다(창 3:4). 솨탄은 뒤집기 전문가이다. 영혼이 먼저죽고 육체가 죽는다. 예슈아를 믿지 않으면 둘째 사망의 장소인 유황불 지옥으로 들어간다(요 3:18, 계 20:14, 계 19:20, 계 21:8). 솨탄은 두 번 죽음을 성경 번역자들을 동원하여 한번 죽는 것으로 악의적 번역을 하게 하여 본질을 파괴하였다. 이것이 사실이다. 영혼의 죽음을 감춰버렸다. 그래서 솨탄은 본질을 파괴하는 거짓말쟁이다. 솨탄은 전문킬러이다. 사람을 죽이고 멸망시키는 일이 솨탄의 본질이다(요 8:44, 요 10:10, 창 3:4,19).

성경 번역이 이처럼 중요하기 때문에 솨탄이 성경 번역자들의 분별력을 상실하도록 강력한 미혹의 흑암 속에 가둬버린다는 것을 성경이 증명한다(고후4:3-4, 고후11:15, 살후2:9-12, 계 13:14, 계19:20, 계20:2-3,10, 고전10:20, 고후11:3). 그렇지 않고는 이렇게 번역을 할 수가 없다. 사울왕의 죽음의 원인을 보라(대상10:13-14,1-14). 하물며 영이신 아버지를 알려주는 엘로힘, 엘, 엘로바흐, 데오스를 우상의 신칭인 하나님으로 번역한 죄는 더욱 크다. 무겁다. 무섭다. 두렵다. 떨린다. 그러나 양심이 화인 맞은 자들은 무감각하다(딤전 4:1-2, 왕상 22:22, 렘 5:21). 항상 이단들보다 더 무서운 자들이 있다. 거짓선지자, 거짓신학자, 거짓목회자들이다. 양의 옷을 입고 있어서 분별이 어렵다(마 7:15, 고후 11:13-15, 딤후 3:5, 약 3:1, 렘 23:14-16,32)

죽음은 영이신 루바흐 엘로힘께서 금지하신 말씀을 불순종하여 받는 형벌이다.

솨탄은 미혹과 거짓말의 전문가이다. 넘어지지 않는 사람이 없다.

'또 그들을 미혹하는 마귀가 불과 유황 못에 던져지니 거기는 그 짐승과 거짓 선지자도 있어 세세토록 밤낮 괴로움을 받으리라'(계 20:10)고 하셨다. 그러므로 미혹 받는 자들은 마귀와 거짓선지자들과 미혹하는 자들과 함께 유황 불 못에 던져진다고 하였다.

전적으로 타락한 사람의 본성이 미혹에 약하여 넘어진다. 그러므로 의인이 하나도 없다는 말씀이 증명한다.(대하 6:36, 시 143:2, 전 7:20,

사 53:6, 사 64:6, 롬 3:10,23, 요일 1:8-10).

에하흐의 이름을 능욕하고 파괴하는 이 악행을 시급(時急)하게 중단 시켜야 한다.

'에하흐(여호와)여 이것을 기억하소서 원수가 주를 비방(하라브-모욕, 무시, 조롱)하며 우매(나발-분별없는, 어리석은)한 백성이 에하흐의 이름을 능욕(나아츠-경멸하다, 업신여기다)하였나이다'(시 74:18)라고 하였다.

'에하흐(여호와)의 이름을 모독(나카브-저주하다, 악담하다, 무늬를 그리다, 뚫다, 찌르다) 하면 그를 반드시(מוֹת 모트-영을 죽이라) 죽일지니(יוּמָת 우마트-그의 육체를 죽이라) 온 회중이 돌로 그를 칠 것이니라 거류민이든지 본토인이든지 에하흐(여호와)의 이름을 모독하면 그를 죽일지니라'(레 24:16)고 하셨다. "나카브"는 에하흐(능력과 생명으로 실존하시는 분)의 이름을 저주하고 악담하여 본질을 흐리게 하는 무늬를 그리는 자들을 찌르고 뚫어서 영혼을 죽이고 육체를 죽이신다는 의미이다.

상형문자 의미 간략해설

사람이 지켜야할 필수적인 생명의 말씀과 연결되어 살아가지 않는 자들은 영혼이 죽임을 당하고 육체가 죽임을 당한다는 의미이다. 에하흐의 이름의 뜻을 바르게 알고 믿고 섬기며 지켜야할 자들이 에하흐의 이름을 더럽게 하므로 죽고 또 죽는다는 무섭고 두려운 말씀이다(사 30:12-14, 겔 5:11, 시 74:10,18, 마 12:31).

1883년 10월 존 로스와 성경 번역자들이 영이신 루바흐의 본질을 알려주는 엘로힘, 엘, 엘로바흐, 데오스의 본질을 저주하고 있는 것이다. 한민족 신칭인 하늘님을 하나님(하늘 heaven + 님 prince)으로 분별없이 성경에 명기한 자들이다(단 7:25).

'또 짐승이 과장되고 신성 모독을 말하는 입을 받고 또 마흔두 달 동안 일할 권세를 받으니라 6 짐승이 입을 벌려 전능하신이를 향하여 비방하되 그의 이름과 그의 장막 곧 하늘에 사는 자들을 비방하더라'(계 13:5-6)고 하였다.

필자에게 뭘 그렇게 문제를 삼느냐. 그게 그거 아니냐. 하나의 변천사 아니냐는 등.. 구렁이 담 넘어가듯 할 문제가 아니다. 그냥 묵인하고 방관하고 은근슬쩍 넘어갈 일이 아니다. 영육 간에 죽느냐. 사느냐의 심각한 영적싸움이다(엡 6:12, 약 4:7, 벧전 5:8-9). 반대하고 거부하는 자만 이긴다(창 39:6-13, 수 24:15,16-25). 일제 강점기 때에 일제는 신사참배는 종교의 의례가 아니고 국민의례라고 속였다. 천주교는 로마교황청의 결정에 따라 신사참배를 하였다. 감리교도 참배하였다. 장로교는 한때 반대했으나, 1938년 9월 9일부터 15일까지 평양 서문밖교회에서 조선예수교장로회 제27회 총회에서 찬성결의 하였다. 신사참배 반대 항거투쟁으로 2,000여 명이 투옥, 200여 교회가 폐쇄되었다. 순교자만도 50여 명이다. 신사참배 반대 목사들 주기철, 최상림, 한상동, 김선두, 이인재, 주남선, 손명복, 최덕지 등 소수였다.

생명 내놓고 싸우는 자만 믿음을 지키고 이긴다. 목회자들은 교회에서 회심(回心)을 선포하고 돌이키는 운동을 해야 한다. 서울과 강원도, 경기도와 전남 등지에서 목회자들이 설교와 기도에서 미신 신칭 "하나님"명칭을 빼고 있다고 연락이 왔다. 이보다 더 시급한 일은 없다. 필자는 한국교회와 세계교회의 목회자들과 성도들을 살려내야 한다는 일념으로 본서를 시급하게 출판하게 되었다.

④ 솨탄, 마귀, 귀신은 사악하고 더럽고 병들게 한다.

사람들을 멸망케 하는 일들을 보라.

솨탄, 마귀, 귀신들은 온 천하를 속이는 일을 전문적으로 하고 있다. 솨탄의 거짓말을 마음에 받아들이면 저주 받아 죽고 죽으며 비참해진다(창 3:4-6,13,16-19,24, 계 12:9, 계 21:8). 존 로스와 성경 번역자들은 목회자들과 성도들이 엘로힘, 엘, 엘로바흐, 데오스를 알지 못하도록 하였다. 한민족 우상의 신인 하늘 님을 하나님(하늘 heaven + 님 prince)으로 성경에 명기하여 유일하신 하나님(하늘 heaven + 님 prince)으로 믿고 섬기라고 한 자들이다. 이들은 목회자들과 성도들의 영혼을 병들게 하였다. 입술을 더럽게 하였다(마 12:34-37, 롬 3:13-14, 엡 4:27,29, 엡 5:3, 약 3:2-8, 계 13:5-6, 시 5:9). 말은 씨앗이다(갈 6:7, 마12:36, 마 13:18-30)

'마귀에게 틈을 주지 말라'(엡 4:27)고 하였다. '음행과 온갖 더러운 것과 탐욕은 너희 중에서 그 이름조차도 부르지 말라 이는 성도에게 마땅한 바니라'(엡 5:3)고 하였다. '속지 말라 악한 동무들은 선한 행실을 더럽히나니'(고전 15:33)라고 하였다.

루바흐 엘로힘께서 가장 싫어하시는 것이 우상숭배이다(출 20:1-7).

지성이 있으면 생각보라. 이성을 가지고 있는 사람이, 사람이 만들어 놓은 수공 물, 조각품, 그림, 신상, 부적쪼가리, 삶은 돼지대가리, 마른명태 등 비인격적인 것들에게 인격체인 사람이, 만물의 영장인 사람이 엎드려 복을 빌고 복을 달라는 것이 우습지 않습니까? 이 얼마나 유치한 행동입니까? 영혼이 병들었다는 증거 아닙니까? 루바흐 엘로힘께서 더럽게 여기는 행동이지 않습니까? 이성적으로 맞지 않는 행동들을 하는 이유가 있다. ① 솨탄, 마귀, 귀신에게 미혹되었기 때문이다. ② 조상대대로 물려받은 가풍, 토속문화의 샤머니즘을 버리지 못해서이다. 기독교인들도 자식들 돌잔치 할 때 돌잡이 놀이를 하는데 우습지 않습니까? 쌀, 붓, 활, 돈, 실, 마이크, 청진기, 판결방망이 등을 펼쳐놓고 아이가 집는 물건을 아이의 장래와 관련하여 미래를 점쳐보는 의식 아닙니까? 이 짓을 하는 자들이 예슈아를 믿는 사람들 맞습니까?

어느 목사가 카톡에 자식 돌 사진과 함께 돌잡이 사진을 올렸는데 목사와 사모가 행복한 웃음을 하고 있었다. 목사 맞습니까? 목사부부가 이렇게 한다면 성도들은 어떻겠는가? 재미로 한다고요. 점치고 있지 않습니까? 한국교회의 영적 현주소가 이렇게 심각하다.

아버지 루바흐 엘로힘을 전지전능하신 분으로 믿지 않는 짓거리 아닙니까? 회심(回心)하라들. 정신을 차리라들. 이런 샤머니즘적인 것들이 모두 토속문화에서 유래되었다. 그 배후에는 솨탄 우두머리가 주도하고 있다. 전능하신 아버지를 진노케 하는 짓이다. 잘되는 교회에서는 '돌잡이'를 절대 못하게 하고 있다(막 7:7-9,13, 딤전 4:1, 히 3:7~4:2, 계 14:8-13).

⑤ 다른 복음을 전하게 하여 저주를 받게 한다(갈 1:7-9).

존 로스와 성경 번역자들은 한글성경 번역에 저주의 다른 복음을 명기하였다. 토속문화의 한민족 신칭인 하나님(하늘 heaven + 님 prince)을 명기하여 저주의 죽음으로 몰아넣은 자들이다. 조선(대한민국)의 목회자들과 성도들에게 다른 복음의 우상의 신을 유일하신 하나님(하늘 heaven + 님 prince)으로 믿게 하는 죄를 범하였다. 지금도 진행 중이다. 시급하게 중단시켜야 한다.

⑥ 사탄 마귀는 거짓선지자를 양성한다(신 13:1-3, 사 9:15-16, 사 56:10-12, 렘 14:14-16, 렘 23:13-16, 렘 28:15-17, 렘 29:21, 겔 13:16,22, 겔 22:25, 미 3:5-14, 습 3:3-4, 마 7:15, 마 24:4,5,11, 막 13:22-23, 행 20:29-30, 롬 16:17-18, 고후 11:13-15, 갈 2:4, 엡 4:14, 엡 5:6, 빌 3:2, 딤전 4:1-2, 딤후 3:5-9, 딤후 4:3-4, 벧후 2:1-3, 벧후 3:17, 요일 4:1, 계 19:20).

'그런 사람들은 거짓 사도요 속이는 일꾼이니 자기를 그리스도의 사도로 가장하는 자들이니라'(고후 11:13)고 하였다.

존 로스와 성경 번역자들은 한국교회의 모든 목회자들을 거짓선지자로 만들었다. 신구약 원어 텍스트에 없는 하나님(하늘 heaven + 님 prince)을 유일하신 하나님(하늘 heaven + 님 prince)으로 명기하여 지금까지 전하게 하는 거짓선지자의 우두머리와 추종자들이 되었다. 본서가 모든 한국교회에 전하여 지기 전까지는 아마도 계속 될 것이다. 목회자들과 성도들의 마음과 입에서 사라지는 날까지 필자는 생명을 던져 싸울 것이다. 예슈아 크리스토스를 믿어도 토속문화와 가풍(家風)을 쉽게 버리지 못하고 생활 곳곳에서 죄책감 없이 무의식적으로 행하는 것들이 무수히 많다.

⑦ 사람의 계명과 사람의 전통으로 전능자(데오스)의 계명을 버리게 한다(막 7:7-9).

'7 사람의 계명(엔탈마-종교적 계율)으로 교훈(디다스칼리아-가르침, 교훈, 교설)을 삼아 가르치니 나를 헛되이 경배하는도다. 8 너희가 전능자의 계명은 버리고 사람의 전통(파라도시스-전수함, 전수된 것)을 지키느니라. 9 또 이르시되 너희가 너희 전통(파라도시스-전수함, 전수된 것)을 지키려고 전능자의 계명(엔톨레-명령, 계명, 훈령)을 잘 저버리는도다.' 라고 하였다.

사람의 계명은 종교적 계율이다. "계율(戒律) 몸(身)과 입(口)과 뜻(

意)에 의한 일체의 악을 방지하기 위하여 불교에 귀의한 사람이 지켜야 할 행위규범을 가리키는 불교용어"라고 하였다. 종교적 계율은 "종교에서 정한 행동규범으로, 신도들이 지켜야 하는 규칙"이다. 크리스토스교(개신교)가 종교(宗教-윤리, 철학을 기본으로 함)라고 말하는 타락한 목회자들도 꽤 많다. 크리스토스교는 종교가 아니다. 종교는 인간들이 만들어 놓은 샤머니즘이다. 인간으로 시작되어 지옥멸망으로 끝난다. 인간의 배후에서 조종하는 놈은 솨탄, 마귀, 귀신이다(창 3:1-6, 창 8:21, 요 8:44, 엡 2:2-3, 엡 6:12, 딛 3:3). 팀 캘러 목회자는 "인간의 마음이 우상공장"이라고 하였다.

크리스토스교는 루바흐 엘로힘으로부터 시작되었고 예슈아 크리스토스로 완성되었다. 시작과 끝이 루바흐 엘로힘과 예슈아 크리스토스이다. 그러므로 종교가 아니다. 존 로스와 성경 번역자들은 한민족의 토속문화의 계율을 받아들였다. 이브리어 엘로힘, 헬라어 데오스가 하나님(하늘 heaven + 님 prince)으로 한글성경에 명기된 것은 언어의 변천이 아니다. 처음부터 존 로스가 토속문화의 한민족의 신칭인 하나님을 받아들였기 때문에 본서를 통하여 사실을 밝히는 것이다. 이유 불문하고 하나님(하늘 heaven + 님 prince)은 신구약 원어 텍스트에는 없다는 것이 팩트이다. 없다는 것을 없다고 해야지 뭐라고 해야 합니까? 필자는 예슈아 크리스토스의 직설법을 쓴다. 그러므로 필자의 해설은 간결하다. 원흉을 원흉이다. 악한 것을 악하다 말하지 못하는 목회자 노릇을 하지 말자. 예슈아께 버림을 받는다(렘6:13-15, 마7:21-23). 독사의 자식이면 솨탄 마귀의 자식이라고 해야 한다(마3:7, 마12:34). 의인과 죄인의 대하여, 복과 저주를 분명하게 말해야 한다. 원어의 본질을 돌려 말하면 원어의 본질이 훼손되는 것이다.

이것은 신학의 문제를 초월한 본질의 문제이다. 이 본질의 팩트는 디스커션(discussion, 토론, 대화, 논의, 회의)의 문제가 아니다. 믿고 받아들이는 것이다. 영이신 루바흐(창1:2)가 어떤 분이신지를 알려주는 고유명사 이름에 대한 본질의 문제이다. 사실을 사실로 올바르게 세우는 것이다.

성경 번역자들이 신구약 원어 텍스트의 본질을 무너뜨린 원흉들이다. 아!~~ 치욕(恥辱)이로다. 아!~~ 부끄럽고 부끄럽도다. 어떻게 이런 일에 성경 번역자들이 동의를 하였을까? 어떻게 성경에 한민족의 신칭을 유일하신 하나님(하늘 heaven + 님 prince)이라는 대표적인 명칭으로 명기하였을까? 이들이 거룩한 영으로 감동된 전능자의 말씀을 인간의 일반 종교서적으로 만들어 놓았다. 성경에 전능자(데오스), 엘로힘, 엘을 하나님(하늘 heaven + 님 prince)으로 명기함으로서 전능자의 이름들과 본질을 파괴하였다. 엘로힘, 엘, 전능자의 올바른 칭호를 부르지 못하게 한 자들이다. 필자가 본서를 집필하면서 영적인 분노가 치밀어 집필하는데 많이 힘들었다. 많이 울었다. 검수하면서 쓰고 지우기를 여러 번 하였다.

⑧ 말로만 엘로힘, 전능자를 공경하고 행위로는 부인하였다(사 29:13, 마 26:31-35,56, 막 14:50-52, 마 15:7-8, 요 5:42, 딤후 3:5, 딛 1:16, 약 2:14, 겔 33:31).

존 로스는 선교사로 파송되었지만 사명을 망각한 자이다. 창조주 엘로힘과 데오스의 본질을 세워야할 사명을 저버리고 하늘(天) 신(神)과 하나(一)의 신(神)으로 한글성경에 명기하여 하늘(天) 신(神)과 하나(一)의 신(神)을 아버지라고 부르게 하는 악한 죄를 범하였다. 필자에게 이 사실을 알리라는 불이 들어오지 않았다면 "미신의 명칭의 하나님을 아버지"라고 계속 믿고 섬기며 부르게 되었을 것이다.

존 로스와 성경 번역자들은 크리스토스교를 미신(迷信)종교로 만든 원흉들이다. 하나님(하늘 heaven + 님 prince)의 명칭이 들어있는 성경을 사용하는 한국교회는 일반종교와 다름이 없다. 이단들의 주장들도 모두 성경과 100% 배치되는 것이 아니다. 교주들이 자기가 하나님이다. 예수님이다. 성령님이다. 등등을 교리적으로 성경의 진리를 비틀어 교주에게 교묘하게 맞춰 전하기 때문이다. 신구약 원어 텍스트의 루바흐와 프뉴마의 이름을 알게 하는 칭호들이 신구약에 26가지가 있다. 이 26가지 이름과 칭호들이 신구약 원어 텍스트의 팩트이다. 팩트는 이유를 달지 않고 받아들이는 것이다. 사실에 이유를 다는 당신은 영이신 루바흐 엘로힘의 말씀보다. 학자들의 주장과 견해, 추정과 생각을 더 신봉(信奉-사상·학설이나 교리 따위를 옳다고 믿고 받듦)하는 자일 것이다. 우리의 믿음과 신앙의 검증은 오직 신구약 원어 텍스트이다.

"자칭 메시야 세계적으로 급증"

"자신이 일명 "메시야"라고 주장하는 사람들이 세계적으로 증가하고 있는 가운데, 그 숫자가 사상 최대인 1,500명 이상인 것으로 독일의 종교 간행물 Idea 가 14일 밝혔다. 예수 그리스도의 환생이라고 주장하는 이 "가짜 구세주"들은 특히 유럽과 아프리카에 많으며 그중 대표적인 러시아의 비사리온 종교 지도자(Church of the Last Testament)는 추종자들이 1천만 명이 넘고 있다고 독일선교 전문가 조하네스 레이너씨는 말하고 마24:5에서 말한 말세의 거짓 선지자들이 실제로 점점 늘어나고 있다고 덧붙였다."[22]

한국에 자칭 예수라고 하는 자들을 50여명이라고 한다.

신천지에 진리가 있다고 비밀리에 가는 목회자들이 있다고 하는데 이브리어, 헬라어원어 절대 어렵지 않다. 저희 연구원에 오시면 아주 쉽게 설교에 바로 인용할 수 있도록 자료와 함께 해설을 들을 수 있다. 자립이 안 되시는 목회자들은 무료로 강의를 들을 수 있다.

⑨ 육신의 생각을 하게 하여 사망과 전능자의 원수가 되게 한다 (롬 8:6,7).

'6 육신의 생각(프로네마-사고방식, 정신상태)은 사망(다나토스-죽는 것, 죽음은 죄의 결과요 형벌)이요 영의 생각(프로네마-사고방식, 정신상태)은 생명과 평안이니라. 7 육신의 생각(프로네마-사고방식, 정신상태)은 전능자(하나님)과 원수가 되나니 이는 전능자의 법에 굴복하지 아니할 뿐 아니라 할 수도 없음이라'고 하였다. 육신의 사고방식(思考方式)과 정신 상태는 사망의 상태에서 나온다는 것이 성경의 가르침이다. 지옥 갈 자들의 사고(思考-마음의 상태)의 상태이다. 육신의 사고방식은 전능자(데오스)의 원수이다. 죽음이란 죄의 결과이다. 육신의 사고방식은 죄라는 것이다(창 6:5, 창 8:21, 마 16:23, 롬 6:23). 쇄탄과 죄는 하나이다(요 8:44). 악한 것을 악하다고 말하지 않는 그 사람이 악한 사람이다. 악은 쇄탄의 본질이다.

존 로스가 토착문화를 받아들이는 것을 반대하지 아니한 당시 성경 번역자들이 방관자(傍觀者)들이다. 토속문화 샤머니즘을 추종하는 세력들이다. 이브리어 엘로힘, 엘, 헬라어 데오스를 한민족 수천 년 부르던 신칭인 하느님, 하나님(하늘 heaven + 님 prince)을 성경에 명기한 것은 영이신 아버지의 중심을 버리고 육신의 중심이었다는 것을 증명하고 있다. 이들은 거짓선지자요. 거짓목회자들이다. 이들은 크리스토스인이 아니었다(롬 8:9). 전능자의 일을 생각하지 아니하고 사람의 일을 생각하는 사람 페트로스(베드로)를 향하여 예슈아께서 사타나스(사탄)아 너는 나를 넘어지게 하는 자로다. 내 뒤로 물러가라고 하셨다. 그 시대와 상황을 운운하지 말라. 타협하고 합리화 하는 인본주의이다.

'예수께서(호 Ὁ-그가) 돌이키시며 베드로(페트로스)에게 이르시되 사탄(사타나스)아 내 뒤로 물러가라. 너는 나를 넘어지게 하는 자로다. 네가 전능자-데오스(하나님)의 일을 생각하지 아니하고 도리어 사람의 일을 생각하는도다.'(마 16:23)라고 하셨다. 전능자의 일을 하시렵니까? 사람의 일을 하시렵니까? 선택은 목회자들과 성도들이 해야 한다.

에필로그

목회자들이여!

성도들이여!

'이제 내가 사람들에게 좋게 하랴(페이도-내가 설득 당하랴, 내가 설득 당하여 유혹받으랴, 내가 타락시키랴) 전능자께 좋게 하랴 사람들에게 기쁨(아레스코)을 구하랴(제테오-찾다, 법적인 조사, 지식을 탐구하는 것) 내가 지금까지 사람들의 기쁨(아레스코-기쁘게 하려고 애쓰다, 편의를 도모하다, 기쁘게 하다)을 구하였다면(제테오-내가 찾았고, 내가 법적인 조사를 하였고, 내가 지식을 탐구하였다면) 크리스토스의 종이 아니니라'(갈 1:10)고 하였다. 여러분은 전능자의 우편에 서 있습니까? 사람의 편 좌편에 서 있습니까?(마 25:34, 행 21:13, 계 12:11, 계 21:7). 아무초록 본서를 읽는 모든 독자들은 전능자의 우편에 서있는 사람들이 되시기를 바란다.

싸우자! fighter! fighter! fighter!

진리를 세우자! establish the truth!

사실을 사실대로 말한다는 것이 이렇게 어렵다는 것을 새삼 알게 되었다. 일반적 사실을 밝히는 것도 쉽지 않다. 공격을 받기 때문이다. 21세기 대한민국의 부정선거가 그렇다. 밝히면 될 텐데 밝히지 않는다. 국가기관인데 "가족회사"라고 한다. 월급은 국민의 세금으로 받아간다. 썩을 대로 다 썩었다는 증거이다. 그리고 윤석열 대통령 계엄령은 계몽령이다. 탄핵무효 각하하라. 기각하라. 내란의 우두머리다. 탄핵하라. 반대와 찬성으로 나라가 반쪽이 났다. 그 이유는 헌법을 지켜야 할 사법부가 무너졌기 때문이다. 세상의 올바름은 헌법이다. 그러나 현재 한국의 사법부의 상황은 헌법위에 입법부 다수의 정치독재와 정치적 불법들이 사법부를 장악하여 불법이 난무하고 있다. '내가 해 아래에서 보건대 재판하는 곳 거기에도 악 רֶשַׁע(레솨아-부정, 사악, 유죄)이 있고 정의를 행하는 곳 거기에도 악 רֶשַׁע(레솨아-부정, 사악, 유죄)이 있다'(전 3:16)고 하였다. 윤석열 대통령은 2025년 4월 4일 8대0으로 인용되었다. 1993년 대만 CTS에서 제작한 판관(포증(包拯, 999.4.11~1962.5.26) 포청천(包靑天)의 "개작두를 열어라", "호작두를 열어라" 그리고 '참하라'가 그리워진다. 공명정대한 판결이 무너졌다.

대한민국에는 포청천 같은 재판장이 없는 것 같다. 아무리 국민의 저항권이 강하다 할지라도 재판장은 헌법을 준수해야 한다. 정치적 논리로 해법을 찾으려면 법복을 벗어야 한다. 자유대한민국 개신교단들에서 찾아 볼 수 있을까 의문이다.

성경진리의 사실을 세워가는 것은 더 더욱 쉬운 일이 아니니다. 난공불락 같은 교단들의 거대한 산이 버티고 있기 때문이다. 교단의 특성들이 난공불락이기 때문이다. 그러나 분명한 것은 교단의 특성보다 신구약 원어 텍스트에서 이것이 팩트라고 하면 아멘 해야 한다. 그러나 현실은 그렇지 않다. 교단들마다 기본적으로 가지고 있는 선지식, 고정관념을 내려놓기가 어렵기 때문이다. 그리고 목회자 개인들이 추구하고 하고 있는 진리의 관점의 틀을 가지고 있기 때문이다. 이건 아닌데 고개가 갸우뚱 거려진다.

싸우자! fighter! fighter! fighter!

본서의 목적은 팩트를 밝히는 것이다. 신구약 원어 텍스트의 팩트로 한국교회를 깨워야겠다는 일념뿐이다. 개혁포럼 대표와의 전화 중에 설교를 부탁받았고 설교 제목을 말해달라고 해서 툭 튀어나온 말이 '하나님은 누구신가?' 이었다.

하나님에 대해서는 박사들인 원로목회자들과 현역목회자들을 대상으로 하나님은 누구신가? 주제로 설교를 한다는 것이 의아스러웠다. 그리고 약 2주후 즘에 영이신 루바흐 엘로힘의 감동이 임하였다. '하나님의 유래'라는 생각이 떠나지 않았다. 구글 창에 '하나님의 유래'를 검색하자. 정보들이 많았다. 필자는 몇 개를 검색해보고 깜짝 놀랐다. 속았구나. 왜 이제야 알았지... 자료는 차고 넘쳤다. 그리고 필자는 내가 무지했구나. 부끄러웠다. 본서에 실린 논문을 복사하여 포럼에 참석한 목회자들에게 나눠주고 신구약 원어 텍스트에는 하나님(하늘 heaven + 님 prince)이라는 명칭이 없다.

이 주제는 필자의 생명을 건 팩트이다. 우리는 태어나면서부터 가짜 하나님(하늘 heaven + 님 prince)을 유일한 하나님(하늘 heaven + 님 prince)아버지로 믿고 섬겼다. 142년간 몰랐다고 전하자. 개혁포럼에 참석한 목회자들 중에 한분도 이의가 없었다. 개혁포럼을 주관하시는 대표를 비롯하여 여러분들이 "깜짝 놀랐다", "은혜를 받았다", "몰랐었다"는 말들을 하였다. 2025년 2월 20일 개혁포럼을 마치고 집에 돌아왔다. 거룩한 영(헬, 하기오스 프뉴마-성령, 이브리어 루바흐 카도소-거룩한 영)께서 강력하게 도서를 출판하여 한국교회를 깨우라는 감동을 순종하여 출판하게 되었다. 본서를 집필할 때 어느 목회자는 필자에게 마태복음 16:23절을 보냈다. 그리고 "엘로힘"과 "데오스"와 "하나님"과 "God"이 동일하다고 하였다. 나는 아니라고 하였다.

필자는 갈릴레오 갈릴레이의 유명한 말을 인용하였다. "그래도 지구는 돈다" 필자는 이 사실을 밝히는 일에 생명을 바쳤다. "하나님"의 명칭은 신구약 원어 텍스트에 없다는 것이 팩트라고 하는데 "솨탄아 물러가라"는 소리를 듣게 되어 기쁘다(행 4:18-20, 행 5:28-29,40-42, 갈 1:10, 마 5:10-12,37, 마 16:24-27, 행 20:24). 전능하신 아버지께서 나의 믿음의 상태를 점검하시고 계시다는 생각이 들었다. 이로 인하여 필자의 마음은 더 굳건해졌다. 엘로힘께서 선하게 열매 맺게 하실 것이다(롬 8:28, 엡 1:9-10, 빌 1:20-21, 시 56:5).

'기록된바 전능하신 자께서 자기를 사랑하는 자들을 위하여 예비하신 모든 것은 눈으로 보지 못하고 귀로 듣지 못하고 사람의 마음으로 생각하지도 못하였다 함과 같으니라'(고전 2:9)하였다. 태어나서 처음으로 신구약 원어 텍스트에는 "하나님"(天神)이 없다고 하니 황당하기도 할 것이다. 필자도 그랬으니까 이해한다.

집필을 하는 중에도 이 개혁의 불길은 경기도와 전남, 인천과 서울, 안양과 강원도 등지로 붙어갔다. 36년 친구 목자(엡4:11)는 본서의 검수위원으로 동참하였다. 친구 이돈필 목자(예장 총회(합동))도 기도와 격려, 다 방면으로 필자를 돕고 있다.

'15 또 어려서부터 성경을 알았나니 성경은 능히 너로 하여금 크리스토스 예수스 안에 있는 믿음으로 말미암아 구원에 이르는 지혜가 있게 하느니라 16 모든 성경은 전능자(데오스)의 감동으로 된 것으로 교훈과 책망과 바르게 함과 의로 교육하기에 유익하니 17 이는 전능자의 사람으로 온전하게 하며 모든 선한 일을 행할 능력을 갖추게 하려 함이라'(딤후 3:15-17)고 하였다.

'19 또 우리에게는 더 확실한 예언이 있어 어두운 데를 비추는 등불과 같으니 날이 새어 샛별이 너희 마음에 떠오르기까지 너희가 이것을 주의하는 것이 옳으니라 20 먼저 알 것은 성경의 모든 예언은 사사로이 풀 것이 아니니 21 예언은 언제든지 사람의 뜻으로 낸 것이 아니요 오직 성령(거룩한 영- 하기오스 프뉴마)의 감동하심을 받은 사람들이 전능자께 받아 말한 것임이라'(벧후 1:19-21)고 하였다.

자. 이제부터 시작하면 됩니다. 현재와 미래세대를 위하여 한국교회는 일어나야 합니다(ἀνίστημι 450, 아니스테미-일어나다, 절름발이를 일으켜 세우다, 잠자고 있는 자를 깨우다, 회복하다, 일어나게 하다).

'아니스테미'하려면 아버지 루바흐 엘로힘, 예슈아 크리스토스, 전능하신 아버지 앞에서 무릎을 꿇고 선지식을 내려 놓아야 합니다. 고정관념을 내려 놓아야 합니다. 교단의 이기주의를 내려 놓아야 합니다. 그래야 살아 일어서게 됩니다.

진리를 세우자! establish the truth!

국가는 달라도 신구약 원어 텍스트의 고유명사 이름과 칭호들은 달리해서는 안 된다. 고유명사가 바뀌는 것은 토속문화의 영향이다. 영어 표기로 창조주의 이름과 칭호들의 본질을 왜곡(歪曲-사실과 다르게 해석하거나 그릇되게 함)하고 있어 통분한다. 거짓말은 솨탄의 본질이다. 악은 모양이라도 버려야 한다. 성경에 명기된 "하나님"은 "토속문화의 한민족의 신칭"이라는 것이 팩트이다. 세계의 모든 성경이 신구약 원어 텍스트의 명사 "엘로힘"과 "데오스"(전능하신 자)로 통일시켜 번역 출판 되어야 한다. 각 국가의 토속문화 신(神)의 명칭들은 신구약 원어 텍스트와 관련성이 전혀 없는 것이 팩트이다. 루바흐 엘로힘께서 이 일을 시작하셨다. 필자는 심부름꾼이다. 노아흐(노아)가 방주를 아라랏(아라라트-거룩한 땅)산위에서 만들 때 당시의 사람들이 다 비웃었을 것이다.

초대교회 때에도 예슈아의 십자가와 부활의 복음을 전하는 모든 자들이 핍박을 받았으며 순교들을 하였다. 마르틴 루터 종교개혁 이전에 개혁의 선구자 "위클리프", "롤라드", "얀 후스", "틴데일" 등 많은 순교자들이 있었다. 필자와 본서에 대하여서도 색안경을 끼고 보겠지만 신구약 원어 텍스트의 본질을 회복하는 대개혁은 루바흐 엘로힘 아버지께서 친히 하시고 계시며 이 일을 매우 기뻐하고 계신다. 그러므로 반드시 이루실 것을 믿는다. 훗날에 세계 역사가들이 2025년 2월20일을 신구약 원어 텍스트의 본질 회복의 기념의 날로 지정할 것이다. 이 개혁에 함께한 자들도 역사에 길이길이 남게 될 것이다. 대한성서공회는 어떤 신구약 원어 텍스트를 근거로 엘로힘, 엘, 엘로바흐, 데오스를 '하나님'으로 번역하여 개정판을 발행하고 있는지 명백한 답변(答辯)을 해야 한다.

본서의 핵심 내용으로 끝을 맺는다.

"원래 한국어에는 기독교의 신을 지칭하는 고유한 단어가 없었습니다."

"19세기 말, 성경이 한국어로 번역되는 과정에서 스코틀랜드 선교사 존 로스는 평안도 방언에서 '하늘'과 존칭 접미사 '-님'이 결합한 '하느님'이라는 단어가 기독교의 유일신을 나타내는 데 가장 적합하다고 보았습니다."[23]

세계 각 국가의 모든 성경에서 토속문화의 샤머니즘 신(神)의 명칭을 삭제하고 신구약 원어 텍스트의 본질의 이름으로 통일성경을 출판해야 합니다. 구약은 엘로힘(만능들이시다)으로, 신약은 데오스(전능자이시다)로 통일시켜야 합니다.

본서의 검수위원으로 수고해 주신 36년 친구 목자(엡4:11)와 조엘림권사께 감사를 드린다. 본서를 집필한다는 소식을 접한 선후배 목회자들의 조언과 격려, 그리고 정보를 제공해주신 일본, 인도, 카작스딴, 중국, 캄보디아선교사 등, 친구 목회자들께 심심한 감사를 드린다.

김창식장로의 (주)GCS 디자인연구소 조윤정부장(집사)께서 표지디자인과 편집을 해주서서 감사드린다. 하늘기획 출판사대표 황성연장로와 편집하느라 수고하신 박상진과장께도 감사를 드린다.

*오타는 너그러운 마음으로 양해(諒解)를 부탁드립니다.

감사합니다.

'야흐 하렐루'(할렐루야)

2025.3. 창뜰아랫길 골방에서
이브리어 단어별 합성어해설 연구원 제공

에하흐를 밝게 비추겠습니다.

에하흐를 자랑하겠습니다.

에하흐를 찬양합니다.

영이신 루바흐 엘로힘께 모든 영광을 올려드립니다.

• • 미주

01) 출처 Gemini 한국의 하나님 호칭 유래 https://g.co/gemini/share/5b7216574b6b, 위키백과, 우리 모두의 백과사전, 당당뉴스 2023년 12월 18일(월) 23:22:40, 중에서 요약함.

02) 성공회에서는 로마 가톨릭교회, 동방 정교회 및 여호와의 증인 등과 마찬가지로 '하느님'이라 표기한다.

03) 국립국어원,《표준국어대사전》. 2014 / 우리말 바로쓰기 - '하나님'과 '하느님' / "표준국어대사전- '하나님'". 2011년 7월 20일에 원본 문서에서 보존된 문서. 2011년 4월 22일에 확인함.

04) "'하느님' vs '하나님'…신의 진짜 이름은?". 2010년 2월 25일에 원본 문서에서 보존된 문서. 2010년 10월 4일에 확인함. / (중동 칼럼)국내 교인들의 이슬람 오해를 바로잡을 때

05) 『사진과 그림으로 보는 게임브리지 이슬람사, 프랜시스 로빈슨 외(손주영 외 옮김), (주)시공사, 2006, 서울』,『이슬람의 역사와 그 문화, 김용선, 명문당, 2002, 서울』,『이슬람의 세계사, 이아라 M.라파두스(신영선 옮김), 이산, 2008, 서울』

06) 윤효중. 말레이시아, '알라' 호칭 무슬림 독점에 소송 제기. 아이굿뉴스. 2008년 1월 10일.

07) 길을 찾는 사람들을 위해 -기독교가 부르는 하나님이라는 호칭의 유래에 대해서.

08) 하나님닷컴.

09) 전무용, 『이 땅에 처음 비추어진 복음의 빛』, 《성서한국》 2007년 여름호, 통권 제53권 2호, 대한성서공회(웹 버전 Archived 2013년 12월 3일 - 웨이백 머신). 로스 목사는 당시의 선교 보고서에서, "하늘"(heaven)과 "님"(prince)의 합성어인 "하느님"이 가장 적합한 번역어일 것이라고 보고하고 있다.

10) 천주교 '야훼' 표현 금한 이유는? Archived 2014년 11월 29일 -웨이백 머신 매일신문(2008.10.25) 기사 참조

11) 하나님닷컴.

12) 『국어사개설, 이기문, 탑출판사, 1990, 서울』, 『국어학개설, 이익섭, 학연사, 2005, 서울』, 『학교문법과 문법교육, 임지룡 외, 박이정, 2008, 서울』 / "국립국어원 소식지 쉼표, 마침표. 없어진 한글 자모, 어떤 소리를 나타낸 것일까요? - 홍윤표". 2014년 12월 11일에 원본 문서에서 보존된 문서. 2015년 2월 8일에 확인함.

13) 제1절 언어 지리와 역사적 개관 / 조선 후기 필사본 한어회화서 華峰文庫 ≪中華正音≫에 대하여

14) "민족사관홈페이지". 2015년 7월 21일에 원본 문서에서 보존된 문서. 2010년 10월 8일에 확인함. -출처 위키백과, 우리 모두의 백과사전.

15) 출처 세상에 이런일이, 하나님(하느님) 이름 도용사건 재판결과, 천하

포무 2007.11.23. 11:23

16) 출처 한얼말씀(주보), 하나님(하느님, 한얼님) 부름 참위환한 한얼말씀 개천4467년 3월10일(단기4343년), 작성자 환터훰 |작성시간 10.03.10 | 중에서

17) 출처 로스와 한국 개신교 : 1882년 출간된 로스본 첫 한글 복음서를 중심으로

18) 출처 '로스역본'(Ross Version) 논쟁에 관한 연구, 장로회신학대학교 기독교사상과 문화연구원

19) 출처 당당뉴스 2023년 12월 18일(월) 23:22:40

20) 출처 당당뉴스 2023년 12월 18일(월) 23:22:40

21) 출처 당당뉴스 2023년 12월 18일(월) 23:22:40

22) 출처 크리스챤신문 2000/07/29.

23) 출처 위키백과, 우리 모두의 백과사전, 당당뉴스 2023년 12월 18일(월) 23:22:40, 중에서 요약함.

신구약 원어 텍스트의

본질로 회귀하는 대개혁

초판 1쇄 발행 2025년 5월 23일

지은이 조길봉
펴낸이 황성연
펴낸곳 하늘기획
출판등록 제306-2008-17호
주소 경기도 파주시 광탄면 혜음로883번길 39-32

전화 031- 947-7777
팩스 0505-365-0691
디자인 조윤정
편집 박상진
마케팅 이숙희, 최기원
제작 관리 이은성, 한승복

ISBN 979-11-92082-26-4 03230

정가는 뒤표지에 있습니다.
잘못되거나 파손된 책은 구입하신 서점에서 교환하여 드립니다.